项目名称：贵州省优秀科技教育人才省长专项资金项目

　　　　　——高职引领中职教育发展模式研究

项目合同号：黔省专合字（2012）203号

撰稿人员名单：

罗　静（铜仁学院　教授）

晏龙强（铜仁职业技术学院　副教授）

李　博（铜仁学院　讲师）

征玉韦（铜仁职业技术学院　副教授）

李　瑛（铜仁职业技术学院　讲师）

邓　川（铜仁幼儿师范高等专科学校　教授）

梁成艾（铜仁学院　教授）

王　锋（铜仁职业技术学院　教授）

GAOZHI YINLING ZHONGZHI JIAOYU
FAZHAN MOSHI YANJIU

高职引领中职教育
发展模式研究

罗静 等著

人民出版社

序

侯长林

我国高等职业教育经过十余年的大发展，尤其"国家示范性高等职业院校建设计划"的启动和实施，两百所国家示范高等职业院校脱颖而出，在人才培养模式、师资队伍建设、课程体系构建、机制体制改革等方面，做了大量探索，积累了很多经验，对高职专科院校甚至整个职业教育的发展都具有指导和引领作用。近几年，我国一批地方本科院校也在纷纷调整发展思路，朝着与地方经济社会紧密结合的方向快速推进，一场地方普通本科院校的变革在悄无声息地进行。2014年2月26日，国务院总理李克强主持召开国务院常务会议，部署加快发展现代职业教育，要求打通从中职、专科、本科到研究生的上升通道，引导一批普通本科高校向应用技术型高校转型。一石激起千层浪，更多的地方本科高校开始重新考虑自己的发展定位，转型起步较早的一批地方本科高校，比如天津职业技术师范大学、浙江科技学院、重庆科技学院、云南工商学院、黑龙江工程学院、黄淮学院等，为落实《国家中长期教育改革与发展规划纲要（2010—2020年）》提出的"促进高校办出特色，建立高校分类体系，实行分类管理"和"建立现代职业教育体系"要求，在教育部的指导下，发起成立了应用技术大学（学院）联盟。贵州省的铜仁学院、黔南民族师范学院、毕节学院也加入了全国应用技术大学（学院）联盟，并成为应用转型发展的省级试点。2014 年 6 月，第三次全国职业教育会议召开，国务院印发的《关于加快发展现代职业教育的决定》提出"采取试点推动、示范引领等方式，引导一批普通本科高等学校向应用技术类型高等学校转型，重点举办本科职业教育"的意见后，使一批普通本科高校尤其是新建地方本科高校进一步明确了朝应用型转型发展的思路。这批地方本科高校的转型发展，必然给全国职业教育的发展带来生机与活力，尤其是可以尽快填补我国职业教育没有本科层次的不足。这批本科院校虽然转向职业教育的时间较晚，但是大多都有多年专科教育和一定时间本科教育的历史，在学科专业建设、师资队伍、科学研究、人才培养等方面，有比较深厚的积淀，转型发展一旦成功，无疑对同类专业的高职专科院校和中职学校具有引领和示范的作用。而中等职业教育的基础则相对薄弱，要想尽快提升办学水平，加强内涵建设，借鉴高职专科院校和地方普通本科院校的办学经验，是其重要途径。《高职引领中职教育发展模式研究》一书，在这种职业教育大发展、大改革的背景下，选择高等职业教育引领中等职业教育的发展模式进行研究，其意义十分明显。

《高职引领中职教育发展模式研究》一书的研究全面而又深入，既在面上对高等职业教育引领中等职业教育发展模式所涉及的引领的现状及存在问题、引领的必要性和可行性、引领发展模式的环境建设、中高等职业教育协调发展衔接模式、引领发展的体制机制、引领的实践效果研究等进行了讨论和分析，又在点上着重对引领的模式进行研究，提出了融合式、区域式、行业式、托管式和航母式五种引领模式。这五种引领模式既是对我国高等职业教育引领中等职业教育发展模式的高度总结和提炼，又是在原有基础上的发展和创新，为我国高等职业教育引领中等职业教育提供了比较可行的模式建构与选择。

《高职引领中职教育发展模式研究》一书的作者来自不同的学科，多学科理论的交融十分明显。比如在讨论高职引领中职教育发展模式建构的理论依据时，就利用了生物学的共生理论。共生理论应用于社会科学领域是在 20 世纪中叶开始的。共生系统包括共生单元、共生模式、共生环境三大要素。共生单元是构成共生系统的基本能量单位，共生模式是决定共生系统效率的核心要素，共生环境则是指共生系统中除共生单元以外的一切影响因素的总和。在高职引领中职教育所形成的共生系统中，共生单元就是指作为引领主体的高职院校和引领客体的中职学校，共生模式就是高职引领中职教育所形成的共生系统的成员单位之间组织与能量的联系方式，共生环境包括教育的、经济的、社会的、自然的、人文的等多种因素。通过分析得出"从共生理论看，不断优化高职引领中职教育所形成的共生系统，包括共生单元的选择、共生模式的构建与共生环境的营造三个部分"[①]"高职引领中职教育所形成的共生模式的构建需要从共生能量模式和共生组织模式两方面同时考虑"[②]"高职引领中职教育共生模式构建的目标就是形成互惠一体化的共生模式"[③] 等结论，既有新意也有理论深度，尤其是拓宽了教育理论研究的视野。

《高职引领中职教育发展模式研究》一书还超前地从构建现代职业教育体系的角度出发，将应用型本科院校纳入高等职业教育的范畴进行研究，并明确提出："本研究所指的高等职业教育既包括高职专科教育，也包括高职本科教育（即应用本科教育）。"这对当前存在的

[①] 罗静等：《高职引领中职教育发展的模式建构与选择》，《中国高教研究》2013 年第 10 期。

[②] 罗静等：《高职引领中职教育发展的模式建构与选择》，《中国高教研究》2013 年第 10 期。

[③] 罗静等：《高职引领中职教育发展的模式建构与选择》，《中国高教研究》2013 年第 10 期。

朝应用型方向转型发展的地方本科院校是不是属于高等职业教育的争论，有一定的启示和借鉴的意义。其实，地方本科院校朝应用型方向转型发展大可不必担心属于谁的问题，而应该重点关注的是自己的办学水平和特色。办得越好的大学属于自己的成分越多，特色越鲜明，在一定意义上，它谁也不是，就是它自己；办得越不好的大学则属于自己的成分越少，没有自己的成分也就谈不上特色，没有特色就没有自己，没有自己就更多地属于别人。就是属于高职本科教育有什么不好？职业教育的许多理念值得地方本科院校学习。确实，目前社会对职业教育还存在偏见，不过相信会改变的。值得担心的是，地方本科院校朝应用型方向转型发展能不能真正办好的问题，搞不好就会出现"怪胎"。高职本科教育绝不是低标准，在某种意义上，还更难，既要保持本科教育的办学水平不降低，还要加入职业教育的新任务，这实际上提出了更高的要求。

2012 年 8 月，铜仁市职业教育集团正式挂牌成立，当时影响很大，对集团内各中职学校的发展确实起到了一定的引领作用，几所中职学校因此蓬勃发展。应该说，铜仁市职业教育集团的成立，是一个很好的创意和实践，对其进行总结，具有十分重要的意义。可以预测，在不久的将来，由地方本科高校、高职专科院校和中职学校组成的职业教育集团必将建立。在这种新的大家庭里，地方本科高校、高职专科院校可以更好地发挥指导引领作用，扩大办学影响，中等职业学校可以成为地方本科高校、高职专科院校的生源基地，互惠互利，共同发展。

总之，《高职引领中职教育发展模式研究》一书研究了特殊的问题，提出了独特的意见和看法，也就具有了特殊的意义。

2015 年 2 月 24 日作于桃源铜仁

目　录

序 ……………………………………………………………… 侯长林 1

绪　论 ………………………………………………………………… 1
　　一、我国职业教育正发生深刻变革 ………………………………… 1
　　二、高职引领中职教育发展顺应时代的呼唤 …………………… 2
　　三、积极探索高职引领中职教育发展模式意义深远 ………… 9
　　四、高职引领中职教育发展的新趋势 …………………………… 12

第一章　高职引领中职教育发展的核心概念和相关理论 ……… 14
　　一、核心概念界定 ………………………………………………… 14
　　二、高职引领中职教育发展取得的系列成果 ………………… 17
　　三、高职引领中职教育发展的相关理论 ……………………… 23

第二章　高职引领中职教育的现状及存在的问题 ……………… 28
　　一、高职引领中职教育的现状探询 …………………………… 28
　　二、高职引领中职教育的问题归结 …………………………… 50
　　三、高职引领中职教育的归因分析 …………………………… 53

第三章　高职引领中职教育发展的必要性和可行性分析·············· 55

　　一、高职引领中职教育发展的必要性分析·················· 55

　　二、高职引领中职教育发展的可行性分析·················· 58

第四章　高职引领中职教育发展模式的环境建设研究·············· 62

　　一、高职引领中职教育环境建设的内容·················· 62

　　二、高职引领中职教育发展环境建设的意义················ 65

　　三、高职引领中职教育环境建设的现状·················· 67

　　四、高职引领中职教育发展模式环境建设的对策研究·········· 72

第五章　中高等职业教育协调发展衔接模式探讨·············· 82

　　一、关注中高职教育衔接模式······················ 82

　　二、中高职教育衔接形式························ 86

　　三、中高职教育衔接方法与内容···················· 87

第六章　高职引领中职教育发展的模式研究·················· 89

　　一、高职引领中职教育发展模式形成的因素分析············· 89

　　二、高职引领中职教育发展模式建构的理论依据············· 91

　　三、高职引领中职教育发展模式的建构与选择·············· 93

第七章　高职引领中职教育发展的体制机制建设·············· 99

　　一、高职引领中职教育发展体制机制建设的制度保障··········· 100

　　二、高职引领中职教育发展的管理体制建设··············· 108

　　三、高职引领中职教育发展的运行机制建设··············· 121

第八章 高职引领中职的实践效果研究 ·············· 139

——以铜仁市为例

一、影响高职引领中职教育质量的因素分析 ·········· 139

二、铜仁职业教育的现状及成因分析 ·············· 142

三、铜仁职业教育集团组建的背景 ················ 149

四、铜仁职业教育集团组建的路径 ················ 151

五、铜仁职业教育集团的初步成效 ················ 155

六、铜仁职业教育集团的基本经验 ················ 161

七、铜仁职业教育集团现存的问题与挑战 ············ 166

第九章 研究结论及政策建议 ···················· 175

一、研究结论 ··························· 175

二、政策建议 ··························· 179

结束语 ····························· 188

参考文献 ··························· 189

附一 教育部关于推进高等职业教育改革创新引领职业

教育科学发展的若干意见 ·················· 196

附二 铜仁市人民政府关于印发铜仁职业教育集团学校

发展实施方案的通知 ···················· 204

附三 铜仁市职业教育发展调研报告 ················ 210

绪　论

一、我国职业教育正发生深刻变革

我国职业教育经过二十多年的大发展，已经完成了外延增长的任务，尤其是高等职业教育突飞猛进，发展迅速，从办学规模上已经占据了高等教育的半壁江山，而且改革发展的势头很好，在办学和发展上积累了大量经验，在指导和引领中等职业教育发展上也取得了一定成效，以高职院校为龙头的职业教育集团在建设现代职业教育体系中的作用显著。

当前，职业教育发展正面临经济社会发展新形势，改造提升制造业、发展战略性新兴产业、发展现代服务业都要求大力提升高端技能型人才的岗位能力、管理素养和掌握新技术、新工艺的能力。经济社会发展对高等职业教育提出了新期望、新任务，也为职业教育集团发展提供了新机遇和新思路。

2014 年 2 月 26 日，国务院总理李克强主持召开国务院常务会议，部署加快发展现代职业教育，审议通过《事业单位人事管理条例（草案）》。会议要求打通从中职、专科、本科到研究生的上升通道，引导一批普通本科高校向应用技术型高校转型，使一批普通本科高校尤其是新建地方本科高校进一步明确了朝应用型转型发展的思路，一些地方本科高校先行先试，已经成为转型发展的省级示范院校。这批地方本科高校的转型发展，必然给全国职业教育的发展带来生机与活力，尤其是可以尽快填补我国职业教育没有本科层次的不足。建立由地方本科高校、高职专科院校和中职学校组成的职业教育集团实现高职引领中职，有利于充分发挥职业教育集团化办学在建设现代职业教育体系中的作用，突出职业教育集团化办学对经济社会的贡献，促进职业教育集团专业链与行业产业链的深度融合，形成职业教育与经济社会相互促进的良性循环，推动职业教育集团在新时期实现新发展。因此，积极探索高职引领中职教育发展的新模式意义重大，是职业教育走内涵道路之必然结果，是经济社会发展的客观要求，是发展现代产业新体系的新要求，是高等教育大众化对于构建终身教育体系的要求，同时也是建立现代职业教育体系的新要求。

二、高职引领中职教育发展顺应时代的呼唤

（一）解决三农问题的现实选择

习近平总书记指出："农民占绝大多数是中国的基本国情，工农联盟是党执政的政治基础，农业是安天下、稳民心的基础产业，'三农'问题始终与我们党和国家的事业休戚相关。"[①] 早在1988年9月，邓小平根据当代科学技术发展的趋势和现状，就明确提出了"科学技术是第一生产力"的论断，并多次指出："经济发展得快一点，必须依靠科技和教育。"[②] 而科教兴农战略的实施，就是全面落实科学技术是第一生产力思想的具体体现，是我国农业增长方式转变、农村城

① 习近平：《干在实处　走在前列》，中共中央党校出版社2006年版，第148页。
② 《邓小平文选》第三卷，人民出版社1993年版，第377页。

镇化发展、农民生活水平提高的重要战略。同时，科教兴农战略是科教兴国战略的重要组成部分，没有科教兴农，科教兴国的内容就不完整。我们都知道，农业是我国国民经济的基础，农业现代化是四个现代化的基础，因此，实施科教兴国战略就不可能不启动科教兴农战略。科教兴国战略又是现代化建设的一项基本战略。可见，科教兴农战略是多么重要。

在广大农村全面建设小康社会、推进城乡一体化，关键就是要解决农业、农村、农民即"三农"问题。农村全面发展的最深刻内涵就是人的全面发展，这是社会主义新农村建设的最重要内容，也是以人为本的科学发展观的本质要求。唯有教育才能提高农民的综合素质，化巨大的农村人口压力为可持续的人力资源优势，才能从根本上改变农村、农业和农民的现状。

《国家中长期教育改革和发展规划纲要（2010—2020年）》提出："发展职业教育是推动经济发展、促进就业、改善民生、解决'三农'问题的重要途径，是缓解劳动力供求结构矛盾的关键环节，必须摆在更加突出的位置。"职业教育是与农村经济发展联系最紧密的教育，它的对象是劳动者，其任务是使劳动者掌握技能、找到工作，"使无业者有业，使有业者乐业"（黄炎培语），始终伴随劳动者的职业生涯。在农村，职业教育就是以提高农民职业能力和提高生产力为目标，为建设社会主义新农村服务，促进农村经济持续发展。因此，职业教育在解决"三农"问题、提高农业产业化水平、加快农村城镇化进程、提高农民收入方面具有不可替代的作用。2006年9月22—24日在天津召开的中国职业教育学会学术年会上，教育部副部长吴启迪提出：新农村的建设人才主体要靠职业教育培养。提高农民的文化素质、文明素质和劳动素质，培养一大批新型农民，将农村巨大的人力资源转化为强大的人才资源，这是职业教育在服务新农村建设中必须承担的历史使命和重要任务。

我国是一个农业人口大国，长期以来，由于农民科技素质相对较低，农民增收与农民自身职业技能水平滞后是一对十分突出的矛盾，严重制约了我国农村经济社会的发展、农业产业结构的调整和农民收入水平的提高。尤其是伴随着我国经济转型和城市化进程的推进，农民的科技素养较低和职业技能缺乏的现状将日益成为制约"三农"问题解决的关键因素。同时也对职业教育的规模与质量提出更高的要求，客观上促进了职业教育向更高的水平变化和发展。在这样的现实背景下，职业教育服务新农村建设必须注重转变服务观念、更新服务理念、明确服务任务、融入服务需求、构建服务体系、创新服务模式以及提高服务质量。

以国家示范性高职院校为龙头，以开设同类专业的中、高职学校为主体，以同类行业、企业及科研单位为依托，以区域优势产业为支柱，以专业建设为纽带，以实现资源共享为目的，组建起行业性的职教联合体，把学历教育、职业培训和终身教育三者融为一体的职业教育集团也正是在这样的社会背景和需求下应运而生的。职业教育集团多层面、多中心、多对象、多途径、多方式、多内容的发展模式在整合资源、统筹管理、纵深发展、创新人才培养模式、提升人才培养质量方面具有自己的优势，在培养新农村建设所需人才和全方位服务新农村建设上发挥了重要作用。

（二）职业院校内涵发展的迫切需要

职业教育（Vocational Education）是指受教育者在职业素养方面有所提升并获得某种职业技能的教育。我国职业教育经过二十多年的大发展，已经完成了外延增长的任务，当前面临的主要是内涵发展的问题，比如校企合作办学、课程体系建设、教师能力建设、职业文化建设等方面提升的问题。近十余年来，我国高等职业教育突飞猛进，发展迅速，从办学规模上已经占据了高等教育的半壁江山，而且改革发展的势头很好，尤其是国家示范性（骨干）高职专科院校在人才培养模式、师资队伍建设、课程体系构建、机制体制改革等方面，已经做了大量探索，积累了很多经验，不仅对其他高职专科院校有指导和引领作用，而且对整个职业教育的发展都具有指导和引领作用。中等职业教育基础相对薄弱，要想尽快提升办学水平，加强内涵建设，借鉴高职专科院校办学经验，是其重要的途径。2014 年 2 月 26 日，国务院总理李克强主持召开国务院常务会议，部署加快发展现代职业教育，审议通过《事业单位人事管理条例（草案）》。会议要求打通从中职、专科、本科到研究生的上升通道，引导一批普通本科高校向应用技术型高校转型。一石激起千层浪，许多地方本科高校开始重新考虑自己的发展定位，转型起步较早的一批地方本科高校，比如天津职业技术师范大学、浙江科技学院、重庆科技学院、云南工商学院、黑龙江工程学院、黄淮学院等，为落实《国家中长期教育改革与发展规划纲要（2010—2020 年）》提出的"促进高校办出特色，建立高校分类体系，实行分类管理"和"建立现代职业教育体系"要求，在教育部的指导下，发起成立了应用技术大学（学院）联盟。贵州省的铜仁学院、黔南民族师范学院、毕节学院也加入了全国应用技术大学（学院）联盟，并成为应用转型发展的省级试点院校。2014 年 6 月，第三次全国职业教育会议召开，国务院印发的《关于加快发展现代职业教育的决定》提出"采取试点推动、示范引领等方式，引导一批普通本科高等学校向应用技术类型高等学校转型，重点举办本科职业教育。独立学院转设为独立设置高等学校时，鼓励其定位为应用技术类型高等学校。建立高等学校分类体系，实行分类管理，加快建立分类设置、评价、指导、拨款制度。招生、投入等政策措施向应用技术类型高等学校倾斜"的意见后，使一批普通本科高校尤其是新建地方本科高校进一步明确了朝应用型转型发展的思路。这批地方本科高校的转型发展，必然给全国职业教育的发展带来生机与活力，尤其是可以尽快填补我国职业教育没有本科层次的不足。这批本科院校虽然转向职业教育的时间较晚，但是大多数都有多年专科教育和一定时间本科教育的历史，在学科专业建设、师资队伍、科学研究、人才培养等方面，有比较深厚的积淀，转型发展一旦成功，无疑对同类专业的高职专科院校和中职学校具有引领和示范的作用。同时，中等职业教育也是高等职业教育的重要基础，尤其是高等职业教育的重要生源基础。因此，建立由地方本科高校、高职专科院校和中职学校组成的职业教育集团，实现高职引领中职，就成为中高职专科院校发展的迫切需要。地方本科高校、高职专科院校可以发挥指导引领作用，扩大办学影响，中等职业学校可以成为地方本科高校、高职专科院校的生源基地，互惠互利，共同发展。

（三）构建现代职业教育体系的必然结果

《国家中长期教育改革和发展规划纲要（2010—2020年）》确立了职业教育发展目标，提出了到2020年，形成适应经济发展方式转变和产业结构调整要求、体现终身教育理念、中等和高等职业教育协调发展的现代职业教育体系，满足人民群众接受职业教育的需求，满足经济社会对高素质劳动者和技能型人才的需要。建设现代职业教育体系成为今后一个时期职业教育工作的中心任务。教育部鲁昕副部长在2011年全国高职高专校长联席会上提出："建设现代职业教育体系，成为今后十年特别是'十二五'时期推进职业教育改革和发展的中心任务"，并且要"今后两年形成职业教育体系的初步架构；力争十年内建成完整的具有中国特色、世界水准的现代职业教育体系"。职业教育内涵发展的趋势和要求愈加明显。

在现代职业教育体系中，高职教育是龙头，起着引领和带动作用。在现代职业教育体系中，处于高端的地方本科高校、高职专科院校由于其发展基础和平台有天然的优势，对中职学校自然有其示范和引领的作用，"在职教集团中的示范性高职院校通常发挥着主导、示范、辐射作用。职教集团中牵头、骨干、示范性高职院校有条件和资源利用自身在长期办学过程中积累的办学思想、教学师资、技术等方面优势，对其他同类中职学校施加积极的影响，提高中职学校办学水平和师资水平，从而带动、提高中职教育的整体教育教学水平"①。随着我国职业教育的不断发展，改革也不断深入，地方本科高校、高职专科院校特别是国家示范性（骨干）高职院校在校企合作办学体制机制、工学结合人才培养模式、服务区域经济社会发展、跨区域共享优质教育资源等方面取得了显著成效，引领了我国职业教育的改革与发展。但中职教育由于专业设置小而全、与产业对接不紧密、课程建设缺乏职业特色等原因，现已面临生存危机，如何通过高职引领中职教育发展，不仅是完善职业教育体系的需要，更是各职业院校整合资源，努力扩大办学规模，加强内涵建设，不断提升核心竞争力，大力服务地方经济建设的需要。

职业教育集团化办学过去是以高职专科院校为龙头，以开设同类专业的中、高职专科学校为主体，以同类行业、企业及科研单位为依托，以区域优势产业为支柱，以专业建设为纽带，以实现资源共享为目的，组建起行业性的职教联合体，把学历教育、职业培训和终身教育三者融为一体。比如以湖南环境生物职业技术学院牵头成立的衡阳农林职教集团、以铜仁职业技术学院牵头成立的铜仁职业教育集

---

① 梁忠厚：《论职业教育集团对中等职业教育发展的带动作用》，《教育与职业》2011年第26期。

团，就是这种模式的代表。这种模式涵盖了职业教育的多种类型和层次，包括高职专科与中职教育、职前与职后教育、学历与非学历教育、学历证书教育与职业资格证书教育，形成了各级各类职业教育互相衔接、互相沟通、互为补充的职业教育体系，适应了经济社会发展对职业教育的客观要求，显示了集团化办学所具有的强大生命力。当前，职业教育发展面临经济社会发展新形势，改造提升制造业、发展战略性新兴产业、发展现代服务业都要求大力提升高端技能型人才的岗位能力、管理素养和掌握新技术、新工艺的能力。经济社会发展对高等职业教育提出了新期望、新任务，为职业教育集团发展提供了新机遇。要充分发挥职业教育集团化办学在建设现代职业教育体系中的作用，突出职业教育集团化办学对经济社会的贡献，促进职业教育集团专业链与行业产业链的深度融合，形成职业教育与经济社会相互促进的良性循环，推动职业教育集团在新时期实现新发展。地方本科高校要尽快主动加入职业教育集团并与高职专科院校一起肩负引领的责任和使命。因此，职业教育集团办学将向着专业硕士、高职本科、高职专科、中职一体化培养的方向发展。通过集团的集中统筹，科学定位，合理分工，建立专业课程设置有机衔接、教学资源统筹利用、职业资格和技术等级逐级提高、职业资格标准接轨的技能型人才培养体系，形成一个有梯级、有延续的学制系统。集团内部根据人才培养的需要探索大职教运行模式，将职前与职后，学校与企业，教学与实习，教育与就业，中职与高职专科、高职本科、专业硕士等相关要素紧密联系起来，从而创新运作机制，真正形成开放、灵活、顺畅的高技能人才培养体系，推动职业教育的内涵发展。

三、积极探索高职引领中职教育发展模式意义深远

（一）研究高职引领中职教育发展的模式是职业教育内涵式发展、建构现代职业教育体系的迫切需要

党的十七大作出"优先发展教育、建设人力资源强国"的重要战略决策，提出"努力使全体人民学有所教"的新的奋斗目标，强调"教育是民族振兴的基石，教育公平是社会公平的重要基础"，明确要求"加快普及高中阶段教育，大力发展职业教育"。近年来，在国家"大力发展职业教育"的方针指引下，我国高职教育实现了跨越式发展，无论是高职专科院校数量还是高职专科在校生规模均占具了我国高等教育的"半壁江山"。高职作为我国高教的新类型，它自身充满改革的热情和创新动力。教育部颁布的《关于推进中等和高等职业教育协调发展的指导意见》（教职成〔2011〕9号）指出："当前职业教育仍然是我国教育事业的薄弱环节，中等和高等职业教育在专业、课程与教材体系，教学与考试评价等方面仍然存在脱节、断层或重复现象，职业教育整体吸引力不强，与加强技能型人才系统培养的要求尚有较大差距。教育规划纲要明确将中等和高等职业教育协调发展作为建设现代职业教育体系的重要任务。这是构建现代职业教育体系，增强职业教育支撑产业发展的能力，实现职业教育科学发展的关键所在。为此，迫切需要更新观念、明确定位、突出特色、提高水平，促进中等和高等职业教育协调发展。"这对中等和高等职业教育协调发展提出了要求。协调发展虽然不等于高职对中职的引领，但是内含了高职对中职的引领和中职对高职的影响。如果说教育部颁布的《关于推进中等和高等职业教育协调发展的指导意见》没有明确提

出高职引领中职的观点，教育部《关于推进高等职业教育改革创新引领职业教育科学发展的若干意见》（教职成〔2011〕12 号）则直接提了出来——"高等职业教育具有高等教育和职业教育双重属性，以培养生产、建设、服务、管理第一线的高端技能型专门人才为主要任务。按照'到 2020 年，形成适应经济发展方式转变和产业结构调整要求、体现终身教育理念、中等和高等职业教育协调发展的现代职业教育体系'要求，必须坚持以服务为宗旨、以就业为导向，走产学研结合发展道路的办学方针，以提高质量为核心，以增强特色为重点，以合作办学、合作育人、合作就业、合作发展为主线，创新体制机制，深化教育教学改革，围绕国家现代产业体系建设，服务中国创造战略规划，加强中高职协调，系统培养技能型人才，努力建设中国特色、世界水准的高等职业教育，在现代职业教育体系建设中发挥引领作用。"显然，要求高等职业教育"在现代职业教育体系建设中发挥引领作用"，就是指高职对中职的引领。因为文件颁布时，在我国的职业教育体系中，只有高职和中职两大部分。所以说，根据教育部颁布的《关于推进中等和高等职业教育协调发展的指导意见》、《关于推进高等职业教育改革创新引领职业教育科学发展的若干意见》等文件精神，研究高职引领中职教育发展，推进职业教育集团化办学、创新职业教育组织模式、管理体制和运行机制等是职业教育改革和发展以及完善职业教育理论体系的需要。

（二）研究高职引领中职教育发展的模式是服务贵州省"两加一推"主基调、"四化同步"建设战略的现实需求

为推动贵州经济、社会快速发展，贵州省委、省政府提出"两加一推"主基调、"四化同步"主战略。省教育厅要求教育要服务"两加一推"主基调和"四化同步"主战略。随着工业化、城镇化进

程加快，对技能型人才的需求剧增，职业院校作为推动经济发展、促进就业、改善民生、解决"三农"问题的重要载体，如何积极围绕"两加一推"主基调和"四化同步"主战略，实施高职引领中职教育发展，充分发挥高职专科院校在发展理念和办学方向上的模范带动作用，在人才培养模式、课程建设、校内外生产性实训基地建设上的引领作用，在学生职业技能和素质的全面提升、人才培养质量保障体系建设、就业指导与服务上的标杆示范作用，引领全省中职教育打造品牌，努力提高人才培养和服务社会的能力，为"两加一推"主基调、"四化同步"建设提供人才支撑，对推动贵州经济社会又好又快发展有着十分重要的意义。

（三）研究高职引领中职教育发展的模式是推动职业院校自身改革发展的需要

教育部鲁昕副部长在 2011 年全国高职高专校长联席会上提出："建设现代职业教育体系，成为今后十年特别是'十二五'时期推进职业教育改革和发展的中心任务"，并且要"今后两年形成职业教育体系的初步架构；力争十年内建成完整的具有中国特色、世界水准的现代职业教育体系"。在现代职业教育体系中，高职教育是龙头，起着引领带动作用。但中职教育由于专业设置小而全、与产业对接不紧密、课程建设缺乏职业特色等原因，现已面临生存危机，如何通过高职引领中职教育发展，不仅是完善职业教育体系的需要，更是各职业院校整合资源，努力扩大办学规模，加强内涵建设，不断提升核心竞争力，大力服务地方经济建设的需要。

四、高职引领中职教育发展的新趋势

高职引领中职教育的发展模式、体制机制、环境建设等内容逐渐成为目前国内职业教育理论探讨特点问题。要打通从中职、专科、本科到研究生的上升通道，引导一批普通本科高校向应用技术型高校转型。并尝试建立由地方本科高校、高职专科院校和中职学校组成的职业教育集团实现高职引领中职，充分发挥职业教育集团化办学在建设现代职业教育体系中的作用，突出职业教育集团化办学对经济社会的贡献，促进职业教育集团专业链与行业产业链的深度融合，形成职业教育与经济社会相互促进的良性循环，推动职业教育集团在新时期实现新发展。

本书主要针对高职引领中职教育发展的现状和存在问题、高职引领中职教育发展的环境建设、高职引领中职教育发展模式构建与选择、高职引领中职教育管理体制和运行机制等进行了深入研究，并形成了系列成果。本书还对高职引领中职教育发展的理论层面进行了全面梳理和构建，对高职引领中职教育发展模式的典型案例进行了经验的总结和借鉴，以铜仁市职业教育改革为素材，在总结优化国内外职业教育发展模式的基础上，探讨构建以地方本科高校、高职专科院校为龙头，采用院县共建、行校联合等形式组建职业教育集团学校的高职引领中职教育模式，为贵州职业教育发展探出一条新路，这是在实践方面所进行的创新尝试。同时，结合普通高等教育和职业教育发展的实际，对出现的新情况和新问题进行剖析和研究，从加强政策引导、加大统筹管理、拓宽资金渠道、强化理论和实践探索等方面提出了新时期高职引领中职教育发展的对策建议。

本书尝试将职业教育未来的发展定位为由高职教育、中职教育、成人教育、继续教育、应用本科、专业硕士、专业博士等教育形式组成，既包括学历教育，也包括非学历教育，既包括中职和高职，也包括普通高校中的应用本科和专业硕士、专业博士。要把职业教育放在以人为本、"民生和谐"的高度来看现代职业教育体系的构建，要在理解职业教育与普通教育之间的沟通渗透基础上看现代职业教育体系的构建。对进一步丰富和完善现有的职业教育理论体系和为探索符合贵州实际和特色的职业教育发展之路提供了理论和实践借鉴。

第一章　高职引领中职教育发展的
核心概念和相关理论

一、核心概念界定

（一）高职教育

高等职业教育简称"高职"，是由高等教育机构实施的旨在培养受教育者具有某种职业或生产劳动所需要的专业知识、实践技能并获得相应的、国家承认学历的毕业证书类的高等教育形式。高等职业教育具有岗位针对性强、企事业单位认知度高、紧跟市场发展需求、培养目标明确等特点。这是在传统意义上大家对高等职业教育性质与特点的理解。然而在实际教育教学工作中，高等职业教育的概念却是一个具有多层次与复合性意义的概念体系。我们可以根据它的不同属种关系划分为不同的类别的概念体系。作为高等教育的一个类别，它必然凸显出其应有的高等性，而高等性又是"应该有层次系统性的。高等教育包括专科、本科、研究生教育三个层次，同时还包括普通高等教育与高等职业教育两大类别，其中高等职业教育又包括本科与专科两个层次"。① 原来在高职教育的高等性层次方面，只是从理论上有

① 陈亚青、李康德：《探访高等职业教育本质属性的理论原点》，《邢台职业技术学院学报》2011 年第 5 期。

本科与专科两个层次之分，因为我国的高职教育只有专科层次的职业教育，没有本科层次的职业教育，但是随着我国地方本科高校朝应用型方向转型发展，本科层次的职业教育即将出现。因此，本研究所指的高等职业教育既包括高职专科教育，也包括高职本科教育（即应用本科教育）。作为高层次的职业教育，应体现其技术应用性、技术创新性和职业针对性；而作为一般意义上的教育类别，则其根本还是要关照人的精神诉求、要彰显教育类别的人文性特征。为了研究目标的需要，本书将高职按照相对标准化的概念来加以界定。

（二）中职教育

中等职业教育简称"中职"，是在高中教育阶段进行的职业教育，其教育目的是在九年义务教育的基础上再通过三年的职业技术专门训练来培养数以亿计的技能型人才和高素质劳动者。中等职业教育是目前我国职业教育的主体，主要由中等职业技术学校实施，其招生对象主要是初中毕业生和具有初中同等学历的人员，基本学制以三年制为主。这类学校在对学生进行高中文化知识教育的同时，还根据职业岗位的要求有针对性地实施职业知识教育和职业技能训练。目前，我国中等职业技术学校共有四类：中等专业学校（简称"中专"）、技工学校、职业高级中学（简称"职业高中"）、成人中等专业学校（简称"成人中专"）。进入 21 世纪，传统的四类中等职业技术学校的培养目标逐步走向一致，办学形式也日益接近，国家已决定通过改革、布局结构调整和资源整合等方式，逐步打破部门界限，推动其走向融合，统一规范为"中等职业技术学校"或"中等职业学校"。中等职业教育是高中阶段教育的重要组成部分，其重点在于培养数以亿计的技能型人才和高素质劳动者，发挥其在经济社会发展中的基础性作用。

（三）引领

一般意义上来说，引领是指事物的导引群体或独立的个体。其引领的内容和形式具有多样性等特征。具体而言，其内容可以包括理想、信念、价值、文化等精神层面的引领，也可以包含具体的物质层面和技术层面等方面的引领，还可以关联通过经验模式的示范等方面的引领，最终通过这些内容在生产实践过程中的彼此合作与融合，形成体制机制的架构，借以实现引领下的共生发展。高职对中职教育的引领，主要是指应用本科院校、高职专科院校在办学理念、人才培养和专业、师资队伍、实验实训、校园文化建设等方面的引领和示范。

（四）模式

关于"模式"，《辞海》的解释为："模"有"模仿"之意，即"依照一定的榜样作出类似动作和行为的过程"。也就是说，"模式"是一种过程。从词义学上讲，"模式"就是解决问题的范例、范式。但是作为软科学概念，则是指在一定思想、观念指导或影响下逐步建立起来的、有若干要素参与等特征的比较稳定的某种活动的理论模型与操作式样。模式既不属于内容范畴与形式范畴，也不属于目的范畴与结果范畴，而是属于一种过程范畴。传统意义上来说，模式是指从生产经验和生活经验中经过抽象和升华提炼出来的核心知识体系，是前人积累的经验的抽象和升华，是解决某一类问题的方法论，是一种指导。正是基于这一共识，所以大家把"从不断重复出现的事件中发现和抽象出的规律和方法以及把规律和解决某类问题的方法总结归纳到理论高度"这种样式统称为模式。它标志了物件之间隐藏的规律关系，而这些物件并不必然是图像、图案，也可以是数字、抽象的关系甚至思维的方式。模式强调的是形式上的规律，而非实质上的规律。

一般来说，大家普遍认为，在一个良好的模式指导下，能有助于工作任务的完成，有助于优良设计方案的产出，进而在这些模式的保障下达到事半功倍的效果、得到解决问题的最佳办法。

二、高职引领中职教育发展取得的系列成果

（一）国内相关研究成果

我国对高职引领中职的研究是依附于高职与中职衔接的研究之中的，在本研究开题的时候，还没有发现专门研究高职引领中职的文献。所以，关于高职引领中职的文献，主要集中在高职与中职衔接研究方面。

我国中高职衔接工作起步于 20 世纪 80 年代，历经二十多年。不可否认，这一工作取得了巨大的成就，有力地促进了职业教育的快速、健康发展。但是，我国对中高职衔接的研究还是远远不够的。"目前，中高职院校之间的关系基本上是分离、脱节的，这固然有体制上的因素，如高职院校的招生制度等原因，更重要的是高职院校的教育目标、过程及内容都未能与中职教育形成递进衔接。"[1] 中高职教育的衔接既关系到整个教育体系的形成与完善，"也关系到中职教育质量与中职学生的发展、高职教育的科学合理性与高职院校的可持续发展，同时也是化解中高职身份危机的关键所在"[2]。所以，对中高职教育的衔接进行研究，有着特殊的意义。

不过，二十多年来，中高职衔接教育工作的理论研究随着职业教育实践工作的不断推进，也已经历了一个由浅入深、由分散到综

---

① 　朱雪梅：《我国中职与高职衔接研究述评》，《职业技术教育》2011 年第 7 期。

② 　朱雪梅：《我国中职与高职衔接研究述评》，《职业技术教育》2011 年第 7 期。

合、由外在形式到内涵发展的逐渐嬗变的过程，在这一嬗变过程的推动下，有关中高职衔接教育工作的初步理论基础已经形成。纵观历年来关于我国高职引领中职教育的研究成果，我们大致可以将其归纳分类如下：

第一，中职与高职教育融通研究方面："上下贯通、左右沟通。"这一思想主要体现在以下几个学者身上：周丽华在《论中职与高职教育之贯通》一文中提出：构建职业教育的"立交桥"主要包括两方面的含义：首先，建立和完善初等、中等、高等职业教育相互衔接、比例合理的职业教育体系，这称之为"上下贯通"；其次，加强职业教育与其他教育，主要是普通教育、成人教育相互沟通与衔接的通道，这称之为"左右沟通"。① 杨长亮认为统筹中等职业教育与高等职业教育发展是完善职业教育体系的关键，中高职教育贯通培养是我国当前解决高技能人才匮乏、满足学生终身发展的重要手段。②

第二，发挥高等职业教育的引领作用，构建现代职业教育体系研究：方向明确、体系先行。持这一观点的学者认为应从建立和完善职业教育体系的角度出发，加强中等职业教育与高等职业教育以及其他类型教育的衔接和沟通，实现各级各类职业教育的协调、均衡与融通发展。还有学者认为高职专科院校要站在服务于地区"十二五"发展规划，服务于国家发展战略的高度，明确各职业教育体系的发展方向、目标和任务，勇于开拓。并在此基础上努力将职业教育建设成面向人人、面向社会的教育类型，借以发挥高等职业教育的引领作用，最终实现有效衔接的职业教育的新框架。其提倡的主要经验和做法是：一是要适应区域产业需求，为职业技术学校明晰各自的人才

---

① 周丽华：《论中职与高职教育之贯通》，《教育导刊》2000 年第 72 期。

② 参见杨长亮：《中等职业教育普通文化课程改革研究》，华东师范大学硕士论文，2007 年。

培养目标；二是要紧贴产业转型升级，优化各职业技术学校的专业结构布局；三是要深化专业教学改革，创新各职业技术学校的层次课程体系和教材；四是要强化学生素质培养，改进各职业技术学校的教育教学过程；五是要改造提升传统教学，加快各职业技术学校的信息技术应用步伐；六是要改革招生考试制度，拓宽各职业技术学校的人才成长途径；七是要坚持以能力为核心，推进各职业技术学校的评价模式改革；八是要加强师资队伍建设，注重各职业技术学校的教师培养培训；九是要推进产教合作对接，强化各职业技术学校的行业指导功能；十是要发挥职业教育集团的作用，促进校企深度合作。

第三，高职专科院校举办中职教育或中高职衔接研究：合理选拔、科学分配。持这一观点的学者针对目前中高职衔接工作在操作机制上的不足等问题，从"衔接"与"选拔"入手，通过调研，集思广益，提出解决问题的观点和方法。有学者认为高职专科院校举办中职教育必须要科学分配教学资源，运用现代化的管理手段，必须要符合高职专科院校实施中职教育的客观规律，只有这样才能使高职教育、中职教育协调发展，避免中职教育在高职专科院校被边缘化和高职化等问题的出现，从而实现职业教育办学效益的最大化与最优化。

第四，中高职一体化研究：目标与内容的衔接。持这一观点的学者认为中高职一体化是中职教育与高职教育之间就招生就业、专业设置、培养目标、课程体系等方面进行的衔接，这一衔接是以培养数以亿计的技能型人才和高素质劳动者为目标而构建起来的相互依存、逐步递进的职业教育管理体系。

（二）国外相关研究成果

1. 国外相关研究

国外发达国家成功的职业教育的发展模式很多，经过仔细归纳与比对，我们会发现，在这些模式中比较成熟的主要有以下几种：

其一，高等职业教育的院校发展模式。这一发展模式主要包括有以下几种形式：一是综合化（一体化）模式，即通过这种模式来加强大学的研究功能与非大学机构职业性功能之间的联系；二是多样化模式，其目的在于为学习能力、动机、兴趣等各不相同的学生提供相应的教育教学环境；三是双元制模式，即通过这种模式来使高等教育既能发挥传统大学的学术性功能，又能发挥高职专科院校的职业性功能。

其二，高等职业教育发展的办学模式。这些模式主要包括国营化和民营化两种类型。而国营化模式指的是诸如欧美发达国家依靠政府财力，走高等职业教育国营化的发展模式；而民营化则是指发展中国家依靠民间财力，走高职教育民营化的发展模式。

其三，高等职业教育发展的管理模式。这类发展模式主要包括组织网络、大学联盟、组织文化、战略联盟、机构合并等形式。组织网络模式指的是大学建立组织网络，既利于统一内部各个机构，又利于大学与合作伙伴建立可靠互惠关系。大学联盟模式则是指在一所大学里包容了多种形式和层次的高等教育的混合型组织系统，以满足多变的市场需要。而组织文化模式则是指使一个价值共享、包含共同标准的制度能够促使组织的行为和谐地适应共同的利益目标。战略联盟模式则指不同大学间建立合作约定，以增加大学的收入，提高学校的声誉和服务质量等。机构合并模式是指高职与综合大学合并，以优化高校的学术性、职业性和课程结构，借以扩大和发挥其社会作用。

2. 国外发展职业教育的新措施

国外关于发展职业教育的新措施比较多，归结起来主要体现在以下几个方面：

其一，大力突出职业教育在经济社会发展中的重要地位。这一趋向在韩国、德国、新加坡等国家表现得尤其明显。如德国政府，不但制定和颁布新的《职业教育法》，对职业教育联合体的建立做了一系列新的规定，而且还将每年的 6 月 24 日定为"职业教育日"，广泛开展"职业教育攻势行动"。这些措施有力地提升了职业教育统计规划和职业教育科学研究的地位。除此之外，韩国、新加坡等国也不断加大对职业教育的投入，借以保持教学硬件的先进性来吸引大量"双师型"高素质教师。与此同时，这些国家还为接受职业教育的人员提供各种优惠，如发放贷学金资助、提供免费职前培训、建立职业教育学位制度等。这些举措都有力地凸显了职业教育在经济社会发展中的重要地位。

其二，注重凸显职业教育内容的先进性，密切配合经济发展的需要。研究表明，许多国家都十分注重研究国际高新技术发展动向和国内产业结构调整后对技术技能型人才的需求情况，借以不断给教育培训注入新的信息。除此之外，各国还经常根据各自国家的经济社会发展走向，科学准确地预测职业教育的人才需求，在不断调整专业结构与课程设置的同时，还制定了科学可行的招生计划。

其三，注重借鉴与弘扬德国"双元制"教育模式的成功经验。发轫于德国的"双元制"教育技术模式不但是德国经济腾飞的秘密武器，而且这一成功的模式也不断在德国之外的其他国家和地区得到了传承与发扬，并由此引申出众多行之有效的教育教学模式，比较有名的如日本的企业职业教育模式、新加坡的"教学工厂"职业教育模式等。无论是德国的"双元制"职业教育模式，或是日本的企业职业教育模式，还是新加坡的"教学工厂"职业教育模式，都注重让职业技术学校从生产厂家承揽工业项目，生产车间由厂家在学校装备，学生在来自一线的专家的指导下进行实际操作，生产产品。这些模式不但有效地提升了本国的职业教育质量，而且还为本国经济社会的发展提供了大量的技术技能型人才，甚至对世界职业教育的发展提供了丰富的可供借鉴的成功经验。

其四，关注建立多层次的职业教育体系，借以实行职业教育的终身化。从国外的许多有关职业教育的研究成果来看，许多职业教育举办得比较成功的国家都十分注重职业教育课程和教学模式的改革。他们不但普遍制订了包含插班和升学制度以及衔接初、中、高等职业教育在内的新型职业教育继续教育课程体系，而且还在国家层面将技能提升计划发展成全国性的计划，并使之与逐渐推广的社会教育终身学习制度衔接起来，最终将国民的职业教育终身化。

其五，重视职业教育集团化发展模式的引领作用。中国学者匡瑛在通过对美国、英国、德国、日本、澳大利亚、荷兰、印度及中国台湾地区职业教育集团化办学模式的进行梳理比较分析后认为，应按照主导实体的不同，从两个维度（主导实体与联盟的实体构成）把职业教育集团发展的模式做如下分类：

一是政府主导模式，这一模式主张从国际比较的角度来看，政府主导型的职业教育集团化办学在数量上是最多的，在模式上也是最丰富的，但它涉及多种联盟方式，如美国的技术准备计划就属于校际间的联盟形式，澳大利亚的新学徒培训制度属于校企间的联盟形式，德国的双元制属于多种综合联盟的形式等。二是院校主导模式。这种模式在世界职业教育集团化实际办学中占有一定的比例。该模式中的院校具有相当的实力，其选择的联盟对象包括不同类型的院校、不同层次的院校以及企业和行业等。三是企业行业主导模式。该类模式是以企业或行业的需求为核心的集团化办学形式，其目的是培养企业或行业所需要的相关职业人才或技术人才。该模式兼具教育和培训的双重功能，能同时观照职前和职后人员的教育。四是自愿联盟模式。这种模式一般来说合作差异性较大，合作方式包括院校之间的合作、校企之间的合作。其中典型的案例是英国的继续教育机构（主要是第三级学院和继续教育学院）与高等教育机构（大学、原多科技术学院以及高等教育学院等）之间的合作，他们在机构数量上有着多种组合，以一所大学和多所继续教育学院构成一个职业教育集团者居多，但这种合作形式完全出于"自愿"，政策扶植仅表现为用教育基金的方式投入，而对于具体操作层面没有明确的规定，因此能给予合作双方足够的"自由度"。五是中介主导模式。这类模式在世界职业教育集团化办学实践中并不多见，但确实是具有特殊性和代表性的一类教育模式。其中典型的要数美国的高级技术教育计划（ATE）。ATE 是一项由联邦政府倡导，1993 年由美国国家基金会（National Science Foundation，简称 NSF）发起的一项旨在满足技师人才需求、有效整合产业与教育的高级技术教育计划，该计划设计投入 3800 万美元。到目前为止，这一计划已经经历了十余年，参与项目的伙伴遍布全美国。ATE 主要通过大专和高中程度的课程改革，系统地促进美国的高级技术教育水平。除美国之外，在德国的网络化的技术转移中心，也介入了中介组织的力量，即斯坦波茨经济促进基金会。这一基金会不但扮演着高等专科学校和企业之间联系的桥梁角色，而且还积极促进高职高专的教授们通过技术转移等形式来帮助企业进行产品研发工作。

三、高职引领中职教育发展的相关理论

理论来自于实践，但又高于实践，是实践经验的提炼与提升。它不但在实践工作中起着指导与引领的作用，而且还会随着实践工作的不断推进而进行自身的升级。职业教育是一门新兴的学科，其稳定的理论尚没有形成，但众多实践者在高职引领中职的实践工作中还是

提炼出了一些具有引领作用和示范功能的理论成分或因素，典型的或是具有代表性的主要表现如下。

（一）高职引领中职教育的基础理论研究

一是沟通理论。沟通理论认为，世界上所有的行为都是沟通，沟通是人类互动中的信息部分。个人通过沟通形成人际间乃至社会的复杂超系统。众所周知，不但人与人之间需要有效的沟通才能加深理解与合作，而且组织和组织之间同样需要必要的沟通才能形成科学合理的合作机制，借以达成合作双方共同利益的最大化。这一点运用到职业教育领域同样不例外。虽然如此，但考虑到高职和中职教育分属不同的教育层次，故其在沟通交流上存在一定的障碍是必然的现象，而这一现象的存在，则更需要我们通过交流与合作等路径，以合作共赢为目的，以高职和中职有效发展为支撑，以职业教育集团、产学合作为纽带，充分彰显高职引领中职发展的功能与价值。

二是组织管理理论。组织管理理论的代表人物是亨利·法约尔（Henri Fayol）和马克思·韦伯（Max Weber）。该组织管理理论认为：首先管理体制的组织结构设计要科学设定管理层次，并尽量减少管理层次，使组织发挥最佳的运作效益；其次是在设计时要遵循精简高效的设置原则，科学合理地设置各管理部门；再次是要按照统一指导、分工协作的原则，科学划分组织内各成员的职责与权利。这一理论表明，高职引领中职工作需要依据工作任务、权利和责任进行有效地协调，并对其组织结构进行科学规划与设计，借以保证从组织结构上确保目标的有效实现；除此之外，还需要在引领工作中依据组织内各部门和成员之间的权责关系，确定组织中权力、地位和等级的隶属关系。

三是治理理论。治理理论是当今国际社会科学界最热门的前沿理论之一，它已经形成了较为完善的理论和逻辑体系。治理理论所倡导的治理主体的多元化、主体间的合作式伙伴关系以及合理的利益协调机制给众多领域的组织管理提供了重要启示。从治理的角度看，良好的职业教育集团治理必须高效协调多元主体之间的利益关系。这是因为治理理论确定了在各个主体之间存在着利益依赖关系，认为集体行动的组织必须依靠其他组织的合作，而为了达到各自的目的，各个组织之间必须协调双方的利益。因为只有协调好职业教育集团内部多元主体之间的利益，才能积极调动其他主体的积极性，形成多元化利益空间，这样才有可能真正构建科学健康的职业教育集团治理模式。

（二）高职引领中职教育的支撑理论研究

一是"共生理论"。生物学的"共生理论"是高职引领中职教育发展的最主要的支撑理论。"共生"一词的概念源于生物学，是由德国生物学家德贝里于 1879 年提出的，指不同种属的生物一起生活。是指动植物互相利用对方的特性和自己的特性一同生活相依为命的现象。是指共生单元之间在一定的共生环境中按某种共生模式形成的关系，其要素包括共生单元、共生模式和共生环境等。

共生理论和方法在 20 世纪中叶以来开始应用于社会科学领域，主要是医学领域、农业领域和经济领域。在社会科学方面的应用，首先为西方社会学者们所提出。他们认为，在科技高度发达的现代社会里，人们之间的交往越来越密切，具有丰富知识和操作技能的人与劳动生产工具之间的结合比以往任何时候都要密切。因此，人与人之间、人与物之间已经结成了一个互相依赖的共同体。共生的本质是协商与合作，而协同是自然与人类社会发展的基本动力之一；互惠共生是自然与人类社会共生现象的必然趋势与真实景况。运用共生现象普遍性的观点来看待人类社会中的政治、经济、文化、教育等的关系，就会更加深刻地理解和把握这些关系所存在的客观性，按照共生原理不断推进其向优化转变，从而实现社会的可持续发展。

依据"共生理论"来分析中高职学校的协调发展问题，我们不难发现，促进发展的关系其实就是一种"共生关系"。中高职之间的协调发展，一能切实推动中高职有效衔接，借以有效实现职业教育资源的共享、合理有效地利用职业教育资源、共同探讨职业教育的培养模式和贯通中高职教育通道等目标的达成。二能使稀缺教师资源互通有无，优势互补。三能使教学实习实训设备合理共用，借以提高设备利用率，降低教育成本。众所周知，中高职协调发展是强化能力培养，多出人才，借以提高学校经济和社会效益的主要手段。因为无论国家建设还是企业发展或是"三农问题"的解决，都需要提高劳动者素质，都需要职工培训借以提高职工素质，都需要培养有知识、懂技术的新型农民。而中高职专科院校能够为经济社会的发展培养众多的高素质劳动者和高端技能专门型人才，帮助我们在提高社会效益的同时不断提高经济效益。故只有中高职教育有效衔接协调发展，才能更好地保障各行各业对不同层次的用人需求，满足经济社会发展需要；才能提高中高职专科院校在人才市场的占有率，增强自身竞争力。而中职教育也只有在经济社会的协调发展中才能永葆自己的生命力，因为任何事物的发展，如果离开了需要这一滋生土壤，它就无法生存。要想保持自己的永恒生命力，它就必须有相互生存的依赖体，这一点对与经济社会发展联系的职业教育而言，更是如此。这也是"共生理论"的本质之所在。

二是利益共同体理论。在一个庞大的系统和组织中，各方利益既相互冲突又彼此依赖。而从宏观和长远来看，组织成员是具有绝对的共同利益的。这一共识为组织成员之间的协调和合作，避免"单枪匹马、各自为战"提供了理论基础。中职教育和高职教育，同属职业教育。它们在职业教育这个范畴内有着共同的价值观和历史使命，都是为了共同实现培养技能型人才之目标的达成。为此，就要求在职业教育体系内各种要素作为一个整体来协调运作，要求职业教育体系内各局部之间要相互协调，相互促进，相互补充，相互强化，借以形成强大的组织力。处在职业教育集团"龙头"地位的高职专科院校，特别是国家示范性（骨干）高职院校在校企合作办学体制机制、工学结合人才培养模式、服务区域经济社会发展、跨区域共享优质教育资源等方面取得了显著成效，引领了我国职业教育的改革与发展，给中职教育发展提供了发展理念的引领、管理经验的借鉴和招生就业等方面的便利，真可谓是收益的外溢。同时，高职专科院校也通过这种引领提高了自身的知名度，形成了自己的品牌和特色，并打通了职业教育发展的横纵限制，对自身的内涵发展起着积极的推动作用。正是基于上述考虑，故我们认为，职业教育集团的发展是对完善现代职业教育体系的有益探索，体系内各成员都是参与者同时也是受益者，因为它真正体现了利益共同体理论的本质诉求。

第二章　高职引领中职教育的
　　　　现状及存在的问题

　　现状是问题存在的土壤，同时也是可持续的根基。厘清高职引领中职教育的现状，既是职业教育内涵式发展的需求，同时也是解决职业教育现行问题的现实需要。因为问题既是教育发展的必然，也是教育的永恒动力。

一、高职引领中职教育的现状探询

（一）贵州高职教育发展势头良好，初步具备了一定的引领能力

　　在贵州省，仅从专科层次来看，贵州商业高等专科学校始建于1952年，黔南民族医学高等专科学校创建于1985年，真正意义上的高职教育发展则相对较晚。直到1999年，贵州省人民政府获得了国务院授予的高职院校设置审批权以后，高等职业教育才开始起步，第一所高职院校于当年成立。截至2011年年底，贵州省已有独立设置的高职高专院校23所，从组建的时间看，主要集中在2000年至2006年，这期间新建的高职高专院校共15所，占23所的65.2%；从

分布情况看，贵阳地区共有 12 所，黔南 2 所，黔东南 2 所，遵义 2 所，铜仁、安顺、六盘水、黔西南、毕节各 1 所，即各市、州、地都有 1 所以上高职高专院校；从举办主体看，公办 20 所，民办 3 所，民办高职院校所占比例较小，只占总数的 13%；从专业设置看，有 13 所综合性高职院校，覆盖了理工类、农林类、医药类、财经类、人文类；有 10 所行业性高职院校，其专业涉及电力、交通运输、电子信息、化工、轻工、公安、航天等行业；从学生规模看，共有在校生人数 139995 人，占高等教育在校生的 40.7%。可以说，贵州省高职教育虽然起步较晚，但是已经初具规模，且学校和专业布局也比较合理，正处在进一步做大做强的关节点上，并且已取得了一定的成效，具有了一定的引领能力，主要表现在一下两个方面。

1. 形成了具有贵州特色的高职院校发展模式

所谓发展模式，就是指主体在自己特有的历史、经济、文化等背景下所形成的发展方向，以及在体制、结构、思维和行为方式等的特点。近年来，贵州省的高职高专教育虽然取得了一定的成绩，但和全国其他省份尤其是发达省份的同类院校相比，还有较大的差距，存在不少的问题。不过，通过近几年的努力，贵州省高职高专教育逐步形成了由封闭型走向开放型、由外延式走向内涵式、由平稳式转向跨越式、由一般型转向特色型发展模式。①

第一，由封闭型走向开放型发展模式。贵州地处云贵高原东部，全省四周都是高山。这些高山阻挡了人们的视线，从地域上形成了较为封闭的环境。其中，境内还有许多小山脉纵横交错，把贵州切割成了许多小的封闭的环境，而大部分高职高专院校就坐落在这些比较封闭的环境中。虽然，现在火车、飞机和互联网等交通及通信工具与以

---

① 罗静、侯长林：《立足实际　探寻贵州高职教育发展模式》，《中国高等教育》2012 年第 7 期。

前相比都取得了一定的进步，但由于长期封闭的环境对人们心灵的桎梏所形成的封闭意识，对高职高专院校的发展客观上影响是比较大的，致使部分高职高专院校办学者的眼光至今仍走不出大山。据评估专家介绍，在 2010 年对贵州省某高职院校进行人才培养工作水平评估时了解到，该院 90% 以上的教师 10 年内没有到过省城贵阳，更不用说走出贵州，甚至该院一副院级领导在近三年内也没有到过省城贵阳；贵州省 23 所高职高专院校，在 2010 年前只有 7 所与省外高校有过合作，在贵州省教育厅的强力推动下，余下的 16 所高职高专院校才于 2011 年与省外的高校建立初步的合作关系；2010 年前，虽然中国—东盟教育交流周在贵阳连续举行了三届，也提出了"双十万学生流动"计划（即实现 2020 年东盟来华留学生和中国到东盟的留学生都达到 10 万人左右），但全省没有一所高职高专院校招收留学生，只是到 2011 年，铜仁职业技术学院才走出破冰之旅，率先招收了 19 名老挝籍学生。如此这般的地域和心灵的封闭，怎么能够谈发展？怎么能够把学校办好？贵州的高职高专院校要发展，办学者们就必须来一次心灵的"革命"，冲破有形的大山阻碍和无形的心灵壁垒的禁锢，走向开放。开放的途径主要有五个：采取教育管理委员会办学模式，即除了以学校本身为主外，专业行业协会、企业管理人员以成员身份进入专业管理委员会，对教育教学进行管理；采取合作办学模式，即由用人单位与学校本着资源共享、优势互补、互惠互利的原则，共同实施教育教学；采取"产学研"合作模式，即由学校与企业实行教学、科研、生产的全方位合作，既进行教育教学，又进行科学研究；采取合作培训模式，即由学校与企业进行职业培训，为企业在技术创新中提供技术保障；采取国际化办学模式，主动适应国际化的社会大背景，站在高职高专教育的层次，主动探索国际间的交流与合作，既要将自己的学生"送出去"，也要将留学生"请进来"。

　　第二，由外延式走向内涵式发展模式。由于大多数高职高专院校起步较晚，在过去的十余年间，贵州高职教育主要处于一个以追求外延增长为主的阶段，具体表现在学生人数的快速增长和校园面积的迅速扩大上。而内涵建设则相对不足，能够体现学校内涵建设水平的标志性成果比较少。比如，教育部、财政部启动的"国家示范性高职院校建设计划"在全国遴选了200所进行建设，贵州省只有贵州交通职业技术学院和铜仁职业技术学院进入；国家级教学团队和国家级精品课程也少之又少，全省国家级教学团队只有1个，即铜仁职业技术学院的植物药生产技术教学团队，国家级精品课程只有5门，贵州交通职业技术学院4门，铜仁职业技术学院1门，而在东部发达地区，仅山东淄博职业学院一所就有国家级教学团队2个，国家级精品课程9门；浙江金华职业技术学院一所就有国家级精品课程15门。应该说，各高职高专院校都已经意识到内涵建设的重要性，都不同程度地在进行探索。但是，除贵州交通职业技术学院和铜仁职业技术学院以及另外5所省级示范性高职院校通过示范建设取得了一定成效外，其他高职院校成效都不大，没有明显的标志性成果。

　　内涵建设没有统一的模式，但是以下几个方面是建设的重点：一是师资队伍建设。高职院校的师资队伍建设不仅要抓校内专任教师队伍建设，还要抓兼职教师队伍建设。校内专任教师队伍建设不仅要关注其职称、学历、学位的提升，更要重视双师素质的提升，兼职教师不仅使用也要培养，要注重其专业理论水平和教学能力的提升。二是课程体系的构建和课程内容的改革。贵州省高职高专院校中的课程体系大多数还是沿袭过去的老一套，没有从根本上得到改变，学科痕迹很重，课程内容紧贴地方经济发展实际不够，这就要求老师们要加大课程改革的力度。课程内容的改革要以毕业生的就业岗位和岗位群所需要的知识和能力为依据，应引入"课程设计"的概念，按照人们认识技术、学习技术、掌握技术的特点，根据职业、职业岗位的要求重新组合课程；要设置若干课程模块，学生可以根据自己的需要和实际选取不同的课程模式进行学习。三是技术创新文化氛围的营造和学术文化水平的提升。高职高专院校也属于高等教育的范畴，其学术文化的繁荣与提升，也是其永恒的主题。"技术创新文化是高职院校核心竞争力培育的生态基础"，要提升其学术文化水平，技术创新文化氛围的营造就显得特别重要。四是有关内涵建设的机制体制要不断创新。这是内涵建设的关键。比如，铜仁职业技术学院在抓学生读书活动的过程中就有很好的经验：先是采取对到图书馆看书的学生实行"签到制"来考核各系学生读书情况，结果签到的学生很多，真正坐下来看书的并不多，有些学生甚至只是为了签到而去图书馆。后来，学校从读书活动的机制方面进行创新，提出每一个教师所开的每一门课程都必须给学生开出必读书目和推荐书目，并且列为教师讲课和考试内容，结果学生去图书馆看书的情况大为改观，凸显了机制体制创新的作用。

第三，由平稳式转向跨越式发展模式。贵州省高职高专院校学生规模虽然在不断扩大，但是与全省高等教育和省外尤其是发达地区高职院校的发展相比，除几所国家示范性高职院校和省级示范性高职院校发展相对较快外，其他高职高专院校发展速度相对较慢，过分平稳。某一高职院校在其发展的过程中，学校主要领导甚至还以"平稳发展化解矛盾"的口号作为学校发展的指导思想。可想而知，在这一思想的指导下，学校会有什么发展。在历史的车轮快速行进的今天，从某种意义上说，高职高专院校之间应该以发展的"加速度"指标大小来竞赛，比的是单位时间内发展速度增加了多少，追求平稳就等于放弃发展，就是后退，和其他学校的差距就会越来越远。铜仁职业技术学院在过去十来年的发展中走的是"跳起来摘桃子"的发展方式。建院之初，面对原来 5 所中专学校很多教职工所持有的质疑、观望甚至反对的目光，学校领导没有身陷其中，明确提出了"用发展化解矛盾"的观点。结果证明，这是个非常正确和超常的观点，有些矛盾在当时特殊的情况下无法也不可能解决，但随着学校的快速发展，教职工们的目光和精力已经放在了谋求学校和自身发展的有意义的事业上，原来的矛盾不再是矛盾，也就不复存在，自然而然地得到了解决。学院在 2007 年教育部高职高专人才培养工作水平评估中获得优秀的好成绩后，2008 年开始进行争创示范性高职学院的工作，2009 年成为贵州省首批示范性高职院校并排名第一，2010 年跻身国家骨干高职院校立项建设单位的行列，2011 年成为"全国大学生就业典型经验高校 50 强"，2013 年 11 月以优秀等次通过教育部、财政部"国家示范性高等职业院校建设计划"骨干高职院校建设项目验收。短短 10 年的时间，学院克服经济背景落后、地理位置偏远的劣势，脱颖而出，不仅走在了贵州省的前列，而且与贵州交通职业技术学院一起进入了全国高职高专院校发展的第一方阵，用真实的经历证明"跳起来摘桃子"的跨越式发展方式的明显成效。因此，跨越式发展模式是贵州省高职院校发展的重要途径。

第四，由一般型转向特色型发展模式。贵州省虽然已经有 23 所高职高专院校，但是大多数没有特色。贵州交通职业技术学院的"校中厂"经验值得推广；铜仁职业技术学院的"贴农、惠农"也很有特色；黔东南民族职业技术学院的"民族教育进校园"，贵州轻工职业技术学院的"白酒文化的打造"，也都做得比较好。然而，这样的高职院校为数不多。贵州省高职高专教育要想有大的发展，尤其是要想在未来的发展中有比较大的竞争力，就必须走特色发展之路。其一，要有特色发展的规划。因为特色不可能一蹴而就，不可能毕其功于一役，需要进行长期的实践探索和理论凝练，是长期发展的结果。所以，没有规划，无方向的盲目推进，是不行的。其二，要重视学校自身历史文化传统的积淀。每一所高职高专院校都有其独特的发展历程，这种独特的发展历程是其特色发展的宝贵资源。其三，要充分挖掘地域文化资源。每一所高职高专院校都处在一定的特殊的地域之中，而每一地域都有自己的特殊资源。这些特殊资源也就是其特色建设的重要材料，许多高职院校之所以能够办出特色，其重要的途径之一，是紧密结合地方区域经济发展的特点。其四，要不断凝练自己的特色。特色也是需要不断地总结和凝练的，而且是一个长期渐进的过程，没有最好，只有更好。因为，办学特色的发展永远不会停留在一个水平上，特色的形成过程就是高职高专院校不断寻求完善与创新的过程，发展没有终点，特色建设也就没有终极。其五，要选准特色发展的突破口。特色就一般情况而言，确实需要在长期办学过程中逐步积淀形成。但是特色绝不是一种历史的简单总结，从一定意义上说，特色是一种新的实践探索，是一种新的起步。既然是一种新的起步，那就有一个突破口的选择问题。突破口选得好，选得准，可能就会事半功倍，以此助推学校快速向前发展。

2. 贵州高职院校专业建设成效显著

立足于高等教育层次，突出职业教育特点，建设以服务为宗旨、以就业为导向、走产学研结合之路的高等职业教育，已成为贵州职业教育战线的共识。近年来，贵州高职高专院校在专业建设与改革中进行了不懈探索，取得了显著成效。[①]

第一，建立了一批特色优势专业。区域经济发展水平很大程度上决定该地区职业教育的发展规模和发展水平，而高职院校专业的设置与特色优势专业的确定，则主要受区域内产业结构调整优化和职业

---

① 参见李瑛：《贵州高职高专院校：十年跨越》，《职业技术教育》2012年第21期。

需求的影响。高职高专院校要及时跟踪市场需求的变化，主动适应区域经济社会和行业发展的需要。贵州有独特的资源优势和区域经济发展特点，高职院校不断调整自己的专业设置，努力贴近地方产业发展需求办学。贵州交通职业技术学院根据省交通"十一五"发展规划中大力发展"建设现代交通运输体系"的精神，在国家示范高职院校建设项目中重点建设了汽车运用技术专业。贵州是中国重要的绿茶生产基地，以"梵净山翠峰茶"为代表的绿茶知名品牌以及原生态的"高原特质"，提升了铜仁茶叶的品牌形象。铜仁职业技术学院将茶叶生产与加工专业作为国家骨干院校建设的子项目之一，大力投入建设。贵州白酒文化底蕴深厚，"白酒产业"作为省支柱和特色优势产业，在贵州的食品工业中占有非常重要的地位。贵州轻工职业技术学院将食品生物技术（白酒方向）专业建设成为省级示范高职院校的重点建设专业。可以说，省内高职院校努力瞄准地方优势特色产业的发展需求，以国家、省级示范性（骨干）高职院校评选为契机，设置和建立了一批优势特色专业。

第二，优化和重构了以"高"、"职"为特征的课程体系。高职教育课程体系既要体现"高等性"又要体现"职业性"。就高等性而言，高职教育课程体系应包含与高等教育相适应的基本知识、理论和技能，同时还需满足人的个性发展和综合素质全面提高的要求；就职业性而言，高职教育课程体系应以职业能力的培养为主线，在职业调查和岗位活动分析的基础上，按照岗位技能要求来组建课程体系。近几年，贵州省高职高专院校积极改革课程体系，根据人才培养目标定位优化、重构课程，各院校都形成自己新的课程体系。铜仁职业技术学院药物制剂技术专业将课程划分为基本素质课程和专业课程，其中专业课程又分为通用能力课程、岗位能力课程和拓展能力课程。贵州交通职业技术学院汽车专业根据职业素质基础课程领域、专业核心领域、项目课程和职业能力拓展学习领域构建了课程体系。其中职业素质基础课程领域包括职业道德与素质、英语、应用文写作等；专业核心领域包括发动机维修、汽车电器设备维修、车身整形、汽车使用性能与检测技术等；项目课程包括计算机运用技能、汽车驾驶技能训练项目、汽车小零件制作技能训练项目等；职业能力拓展学习领域包括汽车配件、二手车评估、汽车保险与理赔等。一些学校还基于工作过程、岗位典型工作任务，在原有课程基础上打破学科界限重新整合新课程。铜仁职业技术学院药物制剂技术专业以典型产品为载体，实施片剂、胶囊剂、注射剂、糖浆剂的"分剂分期"教学与生产实训；与益佰、光正、德昌祥等制药企业合作开发以工作知识、技能为参照点的"片剂生产与检测技术"、"胶囊剂生产与检测技术"、"糖浆剂生产与检测技术"等核心课程和依托铜仁地区民族制药厂自主开发的具有知识产权的《复方注射剂生产与检测技术》等核心课程，实现人才培养与企业要求的无缝对接，成为该专业课程建设的精品和亮点。

第三，师资队伍建设水平明显提升。专业建设方面的每一步改革，都离不开师资队伍整体水平的提高，为紧跟专业建设与改革的方向，目前各高职高专院校在师资队伍建设方面，除注重教育教学能力的提高外，更加注重学历水平和双师素质提升两方面：在学历提升方面，主要采取从校外大批引进研究生，同时派出本校教师攻读更高一级学位的办法，整体改善师资队伍的学历水平。在双师素质提升方面，主要采取以下措施：一是鼓励教师考取相关专业领域的职业技术资格证书；二是派教师到企业挂职锻炼，了解和学习更多的实际操作经验；三是鼓励教师承担或参与企业应用性研究课题；四是大力聘请行业企业的专家及能工巧匠来校任教。通过这些措施的具体实施，贵州省高职院校师资队伍建设的水平明显提升，已经初步具备引领中职学校教师队伍建设的能力。

3. 地方本科高校的转型发展，将进一步提升高职引领中职的能力

为贯彻落实国务院常务会议关于加快现代职业教育体系建设，引导一批普通本科高校向应用技术型高校转型发展，构建以就业为导向的现代职业教育体系的战略部署，贵州省部分地方本科高校开始朝应用型方向转型发展。

铜仁学院立足优化武陵山区高等教育结构，实施教育扶贫以适应西部大开发和武陵山片区扶贫攻坚对人才的迫切需求，推进武陵山区经济社会持续、快速、健康发展，以加盟教育部指导的全国应用技术大学（学院）联盟，列为贵州省首批应用技术型高校省级改革试点单位为关节点；以调整专业结构，加强专业及集群建设对接地方经济社会发展和产业转型升级为支撑架；以深化产学研合作育人贯通人才培养"立交桥"，构建现代职业教育体系为突破口，厘清办学定位、制定转型规划、夯实内涵建设、拓展开放办学、提升服务能力、凸显办学特色、加速转型发展、提高培养质量，努力走出一条应用转型发展的新路子，具体表现在以下几个方面。①

1. 进一步厘清了转型发展的办学定位

升本以来，学校依据国家高等教育发展战略和地方经济社会发展状况，厘清转型发展的办学定位，全力推进"由专科向本科、由以师范教育为主向多科性应用型本科教育、由服务基础教育向全面服务地方经济社会发展"的三大转型，努力加快应用技术型高校省级改革试点单位建设。

铜仁学院转型发展的办学定位主要包括：一是办学类型：应用型、服务型；二是办学层次：以应用技术本科教育为主，探索研究生教育；三是服务面向：立足黔东，面向全省，辐射武陵；四是人才培

---

① 参考叶丹、王梅撰写的《立足应用提升服务　凸显特色　加速转型努力把学校建设成为应用技术型大学——贵州省应用技术型高校改革试点单位转型发展报告》。

养目标：适应地方经济社会发展需要，专业基础坚实、实践能力较强、人格品质健全、富有创新精神和社会责任感的高素质应用型人才；五是学科专业：实现由单一的师范类专业向多科性应用型专业的转型，形成理学、工学、农学、管理学等多学科协调发展，重点建设和培育八大专业集群的学科专业体系；六是发展目标：努力把学校建设成为全省及武陵山区特色鲜明、开放创新的多科性应用技术型大学。

2. 制定了转型发展的建设规划

铜仁学院立足办学定位，全面修订和落实转型发展规划，夯实本科内涵建设，不断加速和推进应用转型发展。2013 年 12 月，学校迎接了教育部本科教学工作合格评估专家组的实地考察评估。至此，铜仁学院已经完成了由专科向本科的基本转型。目前，结合学校"由以师范教育为主向多科性应用型本科教育、由服务基础教育向全面服务地方经济社会发展"的二次转型需要，全面修订和落实应用技术型高校转型发展建设规划。基本构架是：围绕地方经济社会发展战略，以学科建设为依托、专业建设为核心，全面修订和落实《铜仁学院转型发展五年规划》，制定并实施与之相应的《专业集群发展提升行动计划》、《产学研合作教育提升行动计划》、《师资队伍转型提升行动计划》、《国际化办学水平提升行动计划》、《研究生教育提升行动计划》、《教师教育专业转型提升行动计划》、《课程资源利用及课程体系改造提升行动计划》、《应用型人才培养质量提升行动计划》、《实践教学体系构建提升行动计划》、《服务地方与特色培育提升行动计划》十大计划，并落实实施，在人才培养、科学研究、社会服务、文化传承创新等方面不断取得新的更大的进步。力争把学校建成"一个基地、两个中心、三个示范"。一个基地：高素质应用型人才培养基地。两个中心：产学研合作教育与"双能型"教师转型发展中心，服务地方经济社会和产业发展孵化中心。三个示范：应用型人才培养模式示范，应用型专业特色发展示范，应用型高校产学研合作示范。建设内容主要包括：一是基础设施建设。铜仁学院新校区将于 2014 年 5 月完成建设任务，实施整体搬迁。在建设中，紧密结合应用技术型高校转型发展需要，按照高标准、高起点的原则加强教学科研平台、实习实训平台、信息数据平台、公共服务平台建设以及大学生创新创业园、大学科技园、农业生态园、创意服务园、校园文化展示区建设，使软硬件设施达到省内领先水平。二是专业集群建设。瞄准全省产业升级，融入全市战略定位，对接区域产业集群，按照"夯实基础、突出应用、培育特色、提高质量"的原则，构建专业体系，优化专业结构，建设专业集群。在继续加强现有37个本科专业建设的同时（工学类10个，理学类 7 个，教育学类 5 个，文学类 3 个，艺术学类 3 个，管理学类 3 个，法学类 2 个，经济学类 1 个，历史学类 1 个，农学类 2 个），夯实汉语言文学、数学与应用数学、物理学、英语等基础专业；做精做强现代教师教育优势专业；突出生物科学、材料物理、视觉传达设计、旅游管理、农村区域发展、秘书学、计算机科学与技术等应用型专业的转型升级改造；培育重点围绕新材料、先进制造、电子及新一代信息技术、生物医药与营养保健、节能环保、新能源、现代服务、水资源保护与利用、现代物流商贸、老年服务等产业的应用技术类专业。以此为基础，带动和促进学校专业建设的整体推进，逐步形成以重点学科为支撑的特色专业、示范专业。在两年建设期内（2014—2016 年）争取再建成 3—4 个省级特色专业，1—2 个国家级特色专业，形成重点建设四大专业集群，着力培育四大集群方向的专业建设格局。三是课程资源建设。围绕高素质应用型人才培养目标和"三位一体（知识、能力、素质），合作共育（与政府、学校、企业、行业、科研机构等合作育人）"的应用型人才培养模式，明确以能力培养为核心，以促进知识、能力、素质有机融合为主线，以构建产学研合作教育平台为突破口的课程建设思路，制定应用技术型专业课程建设标准。按照"依托学科、强化应用、能力为重"的原则构建课程体系，把课程目标定位于学生实践能力和综合素质的培养上，把课程内容对应到学生将来的工作岗位与职业要求上。加强模块化课程改革研究，形成各具特色且符合各专业特点的应用型课程体系，并且建立与之相适应的教学管理组织形式、教学质量的考核体系和标准。在示范专业选择10—15门模块课程，进行建设，确定课程负责人，制定模块内容和标准，探讨模块教学方法，并在此基础上及时总结和推广。四是师资转型建设。大力实施师资转型提升建设工程，开展"双能型"教师培养计划，改善应用型师资队伍结构。加强教学团队的建设，构建校级、省级和国家级"三级"教学团队，培养可持续发展的教学队伍和科研团队，提高学校的科技创新能力；强化教师实践能力的培养，增建校外教师实训基地，派遣更多的教师到基层、到企事业单位实践锻炼，提升教师的实践教学能力和社会服务水平；鼓励教师参加相关职业技能培训，考取职业（执业）资格证书；加强校企合作，从行业聘请具有丰富实践经验和教学能力的专业技术人员来校任教。使"十二五"末"双师型"教师达到35%。五是实践教学建设。重点建设融教学、培训、科学研究、技术支持服务功能于一体的技术领先、实用性强、实训效果显著的创新创业园、科技园、生态园、创意园等。在教学实验实训内涵建设方面，加强内涵建设，建立和完善实训基地的运行与管理模式，开发出实习标准及实训指导手册。在实习基地建设方面，整合社会资源，建立校级综合性实习基地，拓展基地在教师实训、产学研合作等方面的功能。在加强"双能型"教师队伍建设和实验室、实习实训基地建设的基础上，将大学生素质拓展和创新教育纳入培养方案，修订并出台实践教学工作管理办法和各环节质量标准。六是产学研合作建设。以"合作、发展、共赢"为宗旨，与政府、企事业单位进行全面合作，精心设计双赢合作方案，积极争取地方政府、企事业单位对产学研合作教育的支持，共建产学研合作教育平台，形成利益共同体。拓展合作渠道、探索合作新形式、突破合作局限，采取联合培养、订单培养等方式，真正形成以人才培养为核心的合作教育模式。鼓励教师到合作单位挂职、顶岗锻炼，着力解决教师实践能力不足的问题，在合作科研中着力解决科研成果转化问题。进一步深化合作教育，提高合作层次，构建产学研合作教育的长效机制。与国内外高校开展合作办学，积极探索产学研合作教育。

3. 推进转型发展的专业集群对接

重点建设和培育专业集群，大力推动专业设置与产业需求、课程内容与职业标准、教学过程与生产过程"三对接"，做到"学以致用"，加速转型发展。

一是重点建设的专业集群。首先是生物与农林工程类专业集群。首先以野生动植物保护与利用、生物学、林学、药学、工程学、食品科学与工程、水产等主要学科为支撑，以生物科学、园林等专业示范带动，建设包含生物科学、园林、制药工程、食品科学与工程、水产养殖学等的专业集群。服务区域资源保护与利用、特色农业、水产养殖业及城镇化进程等，对接铜仁市特色食品工业（茶、酒、畜牧产品等）、民族制药业、营养健康产业及饲料业等。其次，是创意服务与文化旅游类专业集群。以民族文化遗产学、语言学及应用语言学、古代文学、文艺学、人文地理学、艺术学、民族传统体育学等主要学科为支撑，以旅游管理、农村区域发展、视觉传达设计、汉语言文学（应用中文方向）、英语（旅游英语方向）等专业示范带动，建设包含旅游管理、农村区域发展、视觉传达设计、汉语言文学（应用中文方向）、英语（旅游英语方向）、秘书学、体育、历史学（民族文化遗产保护与利用）等的专业集群。服务区域文化、旅游发展产业与事业。对接铜仁市文化创意服务业、文化旅游业、现代服务业、旅游饰品设计生产加工、产品包装设计加工等科技型产业。再次是新材料与化学工程类专业集群。以凝聚态物理、分析化学、物理化学、应用化学、材料科学与工程、材料物理与化学、化学工程与技术等主要学科为支撑，以物理学、材料物理（材料科学与工程方向）、化学（精细化工）等专业示范带动，建设包含物理学、材料物理、化学等的专业集群。服务区域精细化工业、新材料开发与利用业。对接铜仁市新材料及其深加工，如锰系列金属合金材料、新型聚合物材料、新能源材料、新型铝合金材料、新型化工材料、新型复合材料、纳米材料等新材料产业，锰酸锂、新型锂离子、锰锂电池、微晶玻璃饰板、铝材加工（型材、板、带、箔铝加工）、新型塑钢加工、铝合金汽车轮辋、碳化硅/铝互穿网络复合材料、再生资源、生物质资源等产业。最后现代教师教育类专业集群。以高等教育学、学前教育学、课程与教学论、特殊教育学、职业技术教育学、教育技术学等主要学科为支撑，以学前教育专业示范带动，重点建设包含学前教育、小学教育和中学教育（语、数、外等大综合基础学科）、中职师资教育（园林、制药工程中职师资教育方向）等的专业集群。服务区域教育事业；对接铜仁市学前、小学、中学（中职）、特殊教育师资培养"立交"和基础教育体系。

二是重点培育的专业集群。首先是电子与信息技术类专业集群。以计算机科学与技术、计算机应用技术、信息与通信工程、电子科学与技术等主要学科为支撑，以计算机科学与技术、应用物理学（向电子信息工程专业转型）为示范带动，重点培育包含计算机科学与技术、应用物理学（向电子信息工程专业转型）、信息工程、软件工程等的专业集群；服务区域电子与信息类产品研发、生产和销售产业；

对接铜仁市电子与信息配套产业及软件产品、云计算服务产品、数据存储产品、网络与信息安全产品、电子零部件加工制造、新型电子元器件、通信产品、智能家电产品、光机电一体化产品研发、生产和销售等产业。其次是区域经济与现代商务物流类专业集群。以区域经济学、金融学、统计学、会计学、管理科学与工程、农林经济管理、市场营销学、物流管理与工程、电子商务等主要学科为支撑，以农村区域发展、金融工程为示范带动，重点培育包含农村区域发展、城乡规划、金融工程、统计学、财务管理、物流工程、电子商务等专业集群；服务区域各级经济管理部门、工商企业以及现代商务、物流管理和与物流相关的铁路、航空、港口、仓储等；对接铜仁市农林经济产业、物流管理与服务、电子商务经济与营销等产业。再次是水土工程与应用技术类专业集群。以水土工程、水利工程、测绘科学与技术、地质资源与地质工程等主要学科为支撑，重点培育包含水利水电工程、土木工程等专业集群。服务对接区域电力、建筑、建材、交通、路桥等行业和产业。

三是护理与营养健康类专业集群。逐步培育护理学、临床医学、食品卫生与营养学等专业，形成专业集群。

4. 贯通转型发展的人才"立交"

根据国家《现代职业教育体系建设规划（2012—2020年)》、《贵州省现代职业教育体系建设规划（2013—2020年)》，学校制定了《关于架构贯通"中职—高职—本科教育"人才培养立交桥的实施意见（试行)》，逐步构建铜仁市现代职业教育体系。

一是科学设置与地方经济社会发展相适应的专业。以专业集群方式，重点围绕工业强省和城镇化带动以及铜仁市建设"两带两圈"产业体系和实现"六个新跨越"战略，坚持教育与产业、学校与企业、专业设置与职业岗位相对接的原则，科学配置教学资源，优化调整专业设置。重点建设一批城镇建设和管理、装备制造、资源深加工、战略性新兴产业、商贸物流、会展旅游、社区服务、文化旅游、农技家政服务、农畜产品加工、锰钾化工、新型建材、民族医药和农林产品加工业等专业，按照国家、省适时动态调整职业教育专业设置的规定，搭建专业设置信息平台，实施学校自主设置、教育行政部门统筹、行业指导、信息公开的专业设置动态管理，建设一批国家级、省级重点特色专业。努力形成结构合理、紧扣产业、各具特色、错位发展的专业体系，建立专业教育与职业资格的对接认证机制。

二是构架贯通中职—高职—本科教育人才培养"立交桥"。设置一定比例的应用型专业，逐年扩大高职毕业生的招生人数。推进与铜仁职业技术学院、铜仁幼儿师范高等专科学校合作培养本科层次技术技能人才工作，扩大"3＋2"办学规模（3年高职＋2年本科）；探索开展"3＋4"（3年中职＋4年本科）或"3＋2＋2"（3年中职＋2年高职＋2年本科）办学模式，实质推进中职—高职—本科教育人才培养"立交桥"贯通。加快应用型专业建设，探索发展专业学位研究生教育。

三是以加快学校"职教师资学院"建设为基础，建成一支数量充足、结构合理的职业教育师资队伍。面向社会引进和系统培养中职—高职—本科及研究生职业教育师资队伍，逐步推行职业教育免费师范生教育，加大职业院校教育硕士、专业博士等高层次教师培养力度，加快职业技术师范学院建设，增开职教师资培养专业。按教职工编制标准配齐教师，扩大兼职教师、技能型教师的比例，积极引进优秀人才从事职业教育事业。实施教师素质提升计划。按照"完善双师结构，提升双师素质"的要求，加大"双师型"教师队伍建设。建立5年一周期的教师轮训制度，促进教师专业化发展。组织实施专业骨干教师国家级、省级培训。完善教师实习实践制度，专业教师和实训指导教师每年到企业或生产服务一线实践的时间不少于 1 个月。到 2020 年，专兼职技能教师占专职教师总数的比例达到 60% 以上。

四是创新职业教育人才培养模式。按照"校企合作，工学结合"的原则，开展现代学徒制试点，企业与职业院校联合招生、共同培养，企业和学生签订用工合同，实现招生即招工的预就业制度。与企业共建一批高技术技能人才工作站，推行"双元"培养制，协同培养高级和专家级技术技能人才。支持鼓励通过校企合作建设实训基地，强化学生技能培养。吸引行业企业等参与职业教育人才培养质量评估，将毕业生就业率、就业质量和用人单位满意度作为质量评价的重要指标。大力推行"引厂入校"、"引校进厂"、"前店后校"、"厂校合一、人员同训、设备共享"等校企深度合作模式，实现校企双方合作办学、合作育人、合作发展，不断提升职业教育服务地方经济社会发展的能力。

五是推进以铜仁学院牵头的铜仁职业教育集团的结构调整与体系建设，优化教育资源，扩大办学规模。以川硐教育园区和职教园区为中心，打造职业教育核心发展区，以 10 个县（区）区域性中心城市为支撑，建设职业教育重点推进区，发展职业教育基础网络，形成核心带动、中心辐射、覆盖城乡、功能完善的职业教育集团建设体系。以铜仁学院建设发展为依托，推进标准化职教专业建设，加强实训基地建设。加大投入，加强基础能力建设，推动职教专业在办学规模、办学条件、管理运行机制、教学质量、信息化水平、经费保障等方面逐步达到部颁标准。按照"依托园区、校企建管、财政奖补、公共使用"的原则，建设一批符合铜仁产业结构需求的公共实训基地，建立职教园教学共同体，实现优质师资共享、实训资源共用、信息互通、课程互选、聚集办学、集团发展。

5.凸显转型发展的办学特色

努力做好"地方性、应用型"这篇大文章,紧紧围绕地方经济社会发展需求,形成了"利用武陵山区自然和人文资源,培养应用人才,促进经济与文化发展"的办学特色。

一是利用地方特色资源,强化产学研结合,培养应用人才。如生物与化学工程、物理与应用工程、法律与政史、经济与管理科学等教学系,利用武陵山区生物、矿产、历史文化与旅游资源,以省级重点学科、特色专业、特色重点实验室、产学研基地、工程技术中心、人文社科基地、2011 年协同创新中心等建设为依托,强化产学研合作教育,构建和完善应用型人才培养模式。中文、音乐、美术、体育等教学系,着眼地方历史人文和民族传统特色,开展地方文学、地域语言与文化、民族音乐与舞蹈、民族传统工艺、旅游商品、民族传统体育项目等的创作设计、挖掘保护、传承创新、创意推广,把成果引入课堂,改革课程与教学内容,实现地方文化资源向教育资源的动态转化,促进知识、能力、素质有机融合,着力培养应用人才。

二是主动提升服务能力,加速转型发展,凸显地方特色。近年来,学校有 14 位教授、博士被聘为贵州省"服务决策专家智库"人员,多次组成博士团深入各县(区)开展调研活动;参与铜仁市"环梵净山文化旅游创新区、乌江经济走廊"等产业转型升级方案的策划,参与"桃源铜仁"地域文化名片打造和梵净山申报世界遗产等工作;多次承担地方政府大型文化活动的主创、组织、策划、创意等任务,为促进地方经济和文化发展作出了积极贡献。

2010 年,学校增列为贵州省普通高校学士学位授权单位。2012年,学校入选贵州省高校"125"重大科技专项 4 项,排名全省新建本科高校第一。2013 年,学校获国家人文社科项目 3 项、自然科学基金项目 4 项,位列全省新建本科高校第一。新招留学生 45 名,开始了国际化办学的尝试。学校转型发展态势良好，办学之路越走越宽。

（二）对高职引领中职教育的初步评价

在我国，尽管高职引领中职教育的历史进程不长，但它却在实际工作中不断彰显出以下特征：①

1. 从认识层面看，高职引领中职教育发展的思想观念尚未能达成共识，还处于不自觉的状态

从全国职业教育的发展现状来看，高职对中职教育的引领作用仍然停留在自然或者说不自觉的发展状态之中。这一特征主要表现在：一方面，大部分高职专科院校还没有充分认识到其在现代职业教育体系建设中的龙头地位，尚忙于全力争取自身的快速发展，而忽略了其应发挥的领军作用及领头影响力，对引领中职教育的发展缺乏主动性和能动性；另一方面，大多数中职学校思想不够开放，发展理念缺乏超前性，依然处于盲目的"孤军奋战"状态，还未能充分认识到自己除了独立自主的发展外，还处在被高职教育引领这样的一个发展定位上，甚至部分中职学校还担心其独立性受到影响，进而从主观意识上不愿意接受高职教育的引领。

2. 从行动层面看，高职引领中职教育发展的内在运作机制未达到自觉调节阶段，尚处于体制不健全状态

虽然从认识角度上分析，高职对中职教育的引领尚处在不自觉的状态，但是由于高职专科院校和中职院校同属于职业教育的范畴，故其内在属性必然会具有一致性，这种天然的联系一定会使得中高职教育在实际的教育教学过程中发生相互融通与合作，在日常事务上产

---

① 李博、罗静：《高职引领中职教育发展的现状与问题研究》，《学理论》2015 年第 2 期。

生密切的联系。一般来说，高职教育的办学水平和办学层次高于中职教育，这就使得高职对中职教育的引领具备了可行性和必然性。实际上，高职教育已然在不自觉中开始了对中职教育的引领作用，只是这种引领还没有形成比较完善的体制机制而已，故体现在行动上就存在一定的自发性和盲目性，呈现出不够系统与科学的外在特征。

3.从效果层面看，高职引领中职教育发展的作用日渐明显，但潜力尚处于努力挖掘阶段

我国的职业教育在经济发展方式转变和产业结构调整的机遇期获得了较大的发展，高职引领中职教育发展的态势和格局日渐明朗。高职教育在引领中职教育发展过程中逐渐开始扮演重要的角色，发挥重大的作用，并取得了良好的成果。这些成果主要体现在：

第一，高职教育带动下的中高职办学一体化趋势明显，效果显著。以贵州省为例，2001年至2005年间，全省新增独立职业技术学院11所，总数达到16所，另有9所普通高校举办高职教育或设立职业技术学院；在贵州独立设置的高职学院中，9所为地（州）属综合性职业技术学院，7所为省属高等职业学院。2001年省级重点中职院校与高职专科院校联合举办"3＋2"形式高职，全省16所高职专科院校在办学层次上均实行中高职并举。截至2012年年底，贵州省高职专科院校达24所，中职学校达346所，高职专科院校所对应的行业一般有1所到2所以上中职学校，中高职之间的联系日益紧密，合作的深度和广度进一步增强，发展一体化趋势明显。从全国来看，无论是中高职专科院校数量还是在校生规模均占了我国高等教育的"半壁江山"。中高职学生数量庞大，学校众多，行业对接紧密的现实使高职引领中职教育发展的条件进一步成熟。

第二，高职引领中职教育发展过程中，按照"资源共享、优势互补，互惠双赢"的原则组建职业教育集团建设工作取得了良好的成

效。例如：位于贵州省的铜仁职业教育集团学校的改革发展模式就是一个很典型的示范。在《教育部关于推进高等职业教育改革创新引领职业教育科学发展的若干意见》（教职成〔2011〕12号）中，明确提出了"创新办学体制，鼓励地方政府和行业（企业）共建高等职业技术学校，探索行业（企业）与高等职业技术学校、中等职业技术学校组建职业教育集团，发挥各自在产业规划、经费筹措、先进技术应用、兼职教师选聘、实习实训基地建设和学生就业等方面的优势，形成政府、行业、企业、学校等各方合作办学，跨部门、跨地区、跨领域、跨专业协同育人的长效机制"。铜仁市充分借助这一政策导向，通过政府主导，统筹规划，积极推进，分步实施组建了铜仁职业教育集团学校。铜仁职业教育集团学校坚持协调发展、优势互补、市场导向和紧密合作四大原则，明确了专业、招生、教学、师资管理和各成员学校利益分配细则，明确了学校主体、各县（区）政府分级负责经费投入、分校升格和干部共同管理的管理体制。该集团的建立得到了省、市领导的高度关切和扶持，铜仁市人民政府于2012年6月正式行文下发《铜仁职业教育集团学校发展实施方案》。实践证明，这种以骨干高职专科院校为龙头的集团学校模式推动了政府部门对职业教育的重视和扶持力度；提高了高职专科院校的知名度和影响力；充分发挥了国家骨干高职专科院校建设单位对中职学校的龙头带动作用，通过业务指导和培训提高了各县（区）职业教育的办学质量和综合办学实力，盘活了中职学校的发展，推动了铜仁职业教育的协调发展。

第三，高职专科院校充分利用国家骨干示范建设的历史机遇，实现跨越式发展，并积极带动了中职教育办学水平的同步提升。部分高职专科院校充分利用示范建设的资源优势深化教育教学改革和管理体制改革，把发展重心放到内涵建设上，把工作重点定在不断强化办学特色和全面提高人才培养质量上来，使自身的发展方式，办学、管理水平和人才培养质量得到质的提升，并充分发挥高职专科院校在发展理念和办学方向上的模范带动作用，在人才培养模式、课程建设、校内外生产性实训基地建设上的改革先锋作用，在学生职业技能和素质的全面提升、人才培养质量保障体系、就业指导与服务上的标杆示范作用不自觉地带动和引领了中职教育的同步发展。

二、高职引领中职教育的问题归结

当前，中国特色的职业教育体系框架已经基本形成，这是我国职业教育发展的重大成果和重要里程碑。现代职业教育体系的建设既要坚持职业培训与学历教育并举、形式多样、灵活开放原则，又要在现行体系和制度的基础上，通过有效的沟通和衔接，实现各切入点的无缝对接，从而达到体系的上下贯通、内外融合。而高职引领中职教育发展这一重要节点的探索尚处在初级阶段，在引领政策导向上、引领模式和体制机制建设等方面还存在一些问题。①

第一，政策导向不够明晰。教育主管部门没有明确提出高职引领中职教育发展的使命，相关政策扶持短期内也难以到位，这就导致高职引领中职教育发展的动力明显不足，条件受限。特别是在经济欠发达地区，地方政府财力相当薄弱，区域内企业发展速度缓慢，结果导致许多职业院校存在着资金来源渠道少、数量小、资金周转不畅等问题，这些问题都严重阻碍了中高职教育间的沟通和贯通，阻碍了部分院校的校企合作和职业教育集团建设工作的大力发展，使得职业院校的机制体制改革推行相对缓慢。高职教育也就很难在充分发挥其应有的办学优势和特色的基础上来带动中职教育发展。

---

① 李博、罗静：《高职引领中职教育发展的现状与问题研究》，《学理论》2015 年第 2 期。

　　第二，理论支撑相对缺乏。国内外对职业教育体系的建设研究大都从中高职的衔接角度出发，而在研究中高职教育的内在有效衔接和融通过程中尚未真正提出高职引领中职教育发展的思路，偶有提及的文献资料，研究也不够系统和深入。事实上，高职引领中职教育发展本身尚处在制度研讨和设计层面，高职引领中职的内涵、模式和体制机制建设等方面还未形成统一的科学合理的定论，结果导致高职在引领中职教育发展的过程中缺乏理论指导，呈现出一定程度的盲目性和混乱性。也就是说，理论探索落后于实践将严重阻碍高职引领作用的充分发挥。

　　第三，引领模式和体制机制不够健全。目前，高职引领中职教育发展比较可行的模式主要集中在组建职业教育集团的途径上，在形式上彰显出明显的单一化倾向。而职业教育集团的建设也多处于探索阶段，成熟的有代表性的发展模式尚没有形成很好的案例和示范。职业教育集团的体制机制建设方面还有待进一步完善，集团内部管理不到位或滞后导致成员之间协调不畅现象的存在，同时也存在组织结构松散、校企合作形式单一、合作广度、深度不够等现实工作中产生的问题。由于职业教育区域性和地方性特点明显，各地、各校尚需根据自身的条件和实际探索自己的办学路子。

　　第四，高职引领能力普遍不足。国内很多高职专科院校都是通过中职学校的重组合并而来的，结果使得许多学校对自身的发展定位、发展方向缺乏明确的指向，有时甚至连自己的生存和发展都面临着困境，不具备引领中职教育发展的能力。以贵州省为例，贵州省职业教育不仅规模相对较小，而且办学能力和发展水平也比较落后。据统计，贵州省独立设置的高职专科院校现有 24 所，在校生规模达 3 万多人，与全国相比，其所占比重仍较小，这与贵州省经济社会发展的步伐极不同步。贵州省大部分高职专科院校都是近些年由散落的中职学校组建而成的，由于历史和现实的诸多因素导致其办学理念模糊，办学思路不清，办学特色不鲜明，办学条件、办学水平和人才培养质量较差，同时还面临来自外部激烈的竞争压力和内部办学资金短缺、师资力量薄弱、生源质量下降等一系列的问题和困境的干扰，其自身的生存和发展正经历巨大的考验，自然也就很难高效发挥出高职专科院校的优势资源来帮助、带动中职学校的发展。

第五，中职教育边缘化和高职化现象严重。这一严重现象主要表现为：一是中职学校教学组织偏高职化。当前，包含贵州省在内的部分省市仍然存在着高职专科院校包含中职教育的办学模式，在这种模式的运行过程中，因为校区条件的限制，高职学生与中职学生基本上都是在同一个环境中学习和生活，但由于各高职专科院校往往把注意力集中到高职学生，对中职学生有所忽视，尤其是对中职学生的教育教学缺乏思考，简单按照高职教育的办学规律和办学思路来引领实施中职教育发展，忽视中职教育的自身规律。二是思想教育模式高职化。中职与高职学生在年龄、学识、素质等方面差异较大，需要在思想教育方面分类引导，进行有针对性的教育。简单将中职教育纳入高职教育体系，必然会导致思想教育的脱节。三是校园文化边缘化。高校社团和各类协会组织是高校校园文化传播的主要载体，充分发挥高职党团组织、学生社团方面"自我教育、自我管理、自我服务"的优势，帮助中职学生健康成长是高职专科院校举办中职教育的独特使命。但是，校园活动形式往往缺乏考虑，中职学生在与高职学生同台竞技中处处落于下风，积极性受挫，从而产生负面的情绪影响。同时，高职在人文素质、职业素质、职业精神、职业价值追求、职业技能方面对中职学生的帮教发挥得不够。实际上中职学生处在校园的边缘地带，融不进大的校园文化环境中。

三、高职引领中职教育的归因分析

近几年，中职与高职不同程度地出现招生困难、生源滑坡、就业艰难等现象。究其原因，与经济形势、社会环境、政策导向、传统观念、教育环境等多种因素影响有关，更与职业教育自身的办学质量、办学效益有关。但总体来说，职业教育体系的层次衔接不够有效、衔接道路不够通畅，是制约职业教育健康发展的重要因素。因此必须从职业教育效益最大化及提高教育质量的角度出发整合资源、发挥优势建立起中高职相互衔接的有效机制，促进职业教育的健康发展和持续发展。

第一，国家经济结构战略调整的要求。现阶段国家经济结构实施战略性调整，产业升级加速，工业化、城镇化进程加快，对人才培养提出了新的需求和更高的要求，人才需求层次不断提高，培养高级技能型人才的要求已经十分迫切。同时职业教育服务区域经济、地方产业行业和新农村建设的横纵急需扩展，理念急需更新，模式急需创新，这些都是导致职业教育发展产生种种困难的根源所在。

第二，职业教育科学发展的必然。科学发展观关于以人为本的理念，阐明了人的发展的基本内涵。而随着高等教育大众化的到来，必然会要求有与之相对应的人、体系完善的教育体系来做支撑。这一点对职业教育而言体现得更是明显。因为职业教育体系包含着不同的层次，再加上其结构上所存在的不合理性，必然会导致他们不能很好地满足大众化和终身学习的发展要求，这就在客观上要求职业教育要顺应人才需求规律，坚定不移地走技术技能型培养之路，踏踏实实地做好各级技能人才的培养工作，遵循人才成长规律，既注重经验层面技能的培养，又重视策略层面技能的培养，应坚持完整的人的教育观。否则将造成某一层次的人才缺乏，形成结构性人才短缺。正是基于对这些问题的考虑，故我们要积极探索专业合理、中高职比例均衡、中高职有效衔接的方式办法，努力促进中高职教育的改革，借以适应经济社会的发展需求。

第三，现代职业教育建设的使然。2010 年和 2011 年，高职教育划归职业教育与成人教育司管理，职成教司依次举办大规模的院校长学习研修班。鲁昕副部长用国际的视野，以国家的责任，给高职教育一个更加清晰的时代定位，全面展示了高职教育的发展前景。她强调，高职教育既是高等教育，又是职业教育，但是本质属性是职业教育。高职教育要在现代职业教育体系中，发挥引领带动作用，重点培养高端技能型专门人才，要在十年内建成"中国特色、世界水准"的高职教育。同时，鲁昕副部长在 2011 年全国高职高专校长联席会上提出："建设现代职业教育体系，成为今后十年特别是'十二五'时期推进职业教育改革和发展的中心任务"，并且要"今后两年形成职业教育体系的初步架构；力争十年内建成完整的具有中国特色、世界水准的现代职业教育体系"。这不仅为职业教育的发展指明了方向，也为高职引领中职教育发展提供了政策的导向。职业教育的发展现实表明，在现代职业教育体系中，高职教育是龙头，起着引领带动作用。但中职教育由于专业设置小而全，与产业对接不紧密；课程建设缺乏职业特色等原因，现已面临生存危机，如何通过高职引领中职教育发展，不仅是完善职业教育体系的需要，更是各职业院校整合资源，努力扩大办学规模，加强内涵建设，不断提升核心竞争力，大力服务地方经济建设的客观需要。

第三章　高职引领中职教育发展的必要性和可行性分析

　　《国家中长期教育改革和发展规划纲要（2010—2020 年）》中提出："到 2020 年，形成适应经济发展方式转变和产业结构调整要求、体现终身教育理念、中等和高等职业教育协调发展的现代职业教育体系，满足人民群众接受职业教育的需要，满足经济社会对高素质劳动者和技能型人才的需要"。教育部鲁昕副部长在 2011 年全国高职高专校长联席会上提出："建设现代职业教育体系，成为今后十年特别是'十二五'时期推进职业教育改革和发展的中心任务"，并且要"今后两年形成职业教育体系的初步架构；力争十年内建成完整的具有中国特色、世界水准的现代职业教育体系"。中高职协调发展将会是现代职业教育体系的一个鲜明特征，高职引领中职教育发展势在必行，现就高职引领中职发展的必要性、可行性分析如下。

一、高职引领中职教育发展的必要性分析

（一）高职引领中职是经济社会发展的客观要求

　　"十二五"时期国家以科学发展为主题，以加快转变经济发展方

式为主线，把经济结构战略性调整作为主攻方向，使中职教育面临新的挑战：一是经济结构的变化和经济增长方式的转变使得就业压力增大，主要表现在用人单位对毕业生要求不断提高，中职学生就业出现困难。二是各行业科技进步和高科技的应用，要求执业者具有较高的职业素质。但我国由于地区经济差异大，行业发展不平衡，在职业教育领域表现更为明显，如东部发达地区，职业教育发展快，而西部地区高职教育开始进入内涵建设，但中职教育举步维艰。以铜仁市各县中职学校为例，大部分办学理念不清，专业教师严重不足，实训设备奇缺，招生困难，服务地方经济能力差。为了达到 2020 年与全国同步实现建成小康社会的目标，缩短贫富差距，迫切需要提升西部地区职业教育水平，特别是以高职带动中职发展，在办学理念、专业建设、师资队伍建设等方面。三是贵州教育要服务"两加一推"主基调和"三化同步"主战略。随着业化、城镇化进程加快，对技能型人才的需求剧增，客观上促使职业院校作为推动经济发展、促进就业、改善民生、解决"三农"问题的重要载体。而我国中等职业学校的人才培养质量水平有限，很难满足经济社会快速发展的需要，通过高职专科学校的引领带动发展是提高中职学校办学质量的最佳路径选择。如铜仁职业教育集团学校分校：印江职校、碧江区职校，2012 年以前学生规模均在 300—400 人，专业有数控、计算机等，学生进校第一年学习文化课，第二年全部进入发达地区企业顶岗，真正能够留在本地发展的寥寥无几。毕业生既不能承担家庭责任，也不能为县域经济发展服务，导致贫困地区人才外出的反向流动现象。而印江县及碧江区的区域经济发展目标是服务新农村，在两县（区）政府的高度重视下，主动争取铜仁职业技术学院的支持，将两所职校更名为印江茶业学校、碧江医护学校，并指导以茶业、医护类专业建设为主干，2012年茶叶专业招生 150 人，医护专业招生 600 人，不仅扩大了招生规模，更为两县（区）培养了留得住、实用的技术人才，真正实现了职业教育为区域经济发展服务的目标。

（二）高职引领中职是高等教育大众化、构建终身教育体系的要求

随着社会的不断进步，人民的文化素养不断提高，家长和学生已经不再满足接受中职教育，期待更高层次的各种教育。就我国现行的教育体制，高中后教育主体是普通高等教育，而现有的高等教育资源不足，导致大量的中专、职高、技校学生缺乏进一步接受高一级教育的机会，不能满足其实现继续教育的梦想。由于各中职学校教育教学能力不强，每年毕业生能够得到推优读高职专科的名额不多，加上参加中职单报高职的考试压力较大，中职学生真正能够进入高职专科学校学习的人数少、渠道少，难度较大。因此，大力发展职业教育，形成中高职有效的衔接，才能充分发挥职业教育面向人人、服务区域、促进就业、改善民生的功能和独特优势，实现人的全面发展需要，为形成学习型社会、构建终身教育体系奠定坚实基础。

（三）高职引领中职是建立现代职业教育体系的新要求

现代职业教育体系是指适应经济发展方式转变和产业结构调整要求、体现终身教育理念、中等和高等职业教育协调发展，满足人民群众接受职业教育的需求，满足经济社会对技术技能人才需求的职业教育系统。它以各级各类职业院校和职业培训机构为主要载体，具有适应需求、有机衔接、多元立交的特点。

当前职业教育仍然是我国教育相对薄弱的环节，中等和高等职业教育在专业、课程与教材体系，教学与考试评价以及行业指导、集团化办学等方面仍然存在脱节、断层或重复现象，职业教育整体吸引

力不强，与加强技能型人才系统培养的要求还有较大差距。为此，迫切需要优化职教结构，建立高职带领中职的良好机制，搞好专业设置、人才培养、课程建设、职业文化等多环节的对接，促进中高职协调发展，全面提高教育教学质量，形成健康的、可持续发展的职教新体系。

二、高职引领中职教育发展的可行性分析

纵观国际社会，发达国家无一例外地把发展职业教育作为满足劳动力市场需求变化和缓解就业压力的重要手段，把改革职业教育作为规划面向 21 世纪职业教育和培训体系的重要组成部分。党的十八大报告明确提出：加快发展现代职业教育，推动高等教育内涵式发展，完善终身教育体系，建设学习型社会。在现代职业教育体系中，高职教育是龙头，起着引领带动作用。但中职教育由于专业设置小而全、与产业对接不紧密、课程建设缺乏职业特色等原因，现已面临生存危机，如何通过高职引领中职教育发展，不仅是完善职业教育体系的需要，更是各职业院校整合资源，加强内涵建设，不断提升核心竞争力，大力服务地方经济建设的客观需要。

（一）高职引领中职协调发展的理论支持

高职引领中职协调发展，共同进步，可以从生物学的"共生理论"进行支撑，共生理论在社会科学方面的应用，首先为西方社会学者们所提出。1998 年，我国管理工程博士袁纯清运用共生理论研究小型经济，提出：共生不仅是一种生物现象，也是一种社会现象；共生不仅是一种自然现象，也是一种可塑状态；共生不仅是一种生物识别机制，也是一种社会科学方法。共生的本质是协商与合作，协同是

自然与人类社会发展的基本动力之一；互惠共生是自然与人类社会共生现象的必然趋势。依据"共生理论"来分析中高职学校的协调发展问题，我们不难发现，促进发展的关系就是一种"共生关系"。

（二）高职引领中职的能力优势分析

高职对中职的引领优势，最重要的体现就是在文化层面上的优势。高职教育以育人为本作为出发点，其开放办学、校企合作、工学结合的理念能够影响辐射中职学校，文化引领就得到了体现。铜仁职业技术学院在十余年的办学实践中，凝练出先进文化、职业文化、红色文化、优秀传统文化、黔东民族文化的"五元文化"推进校园文化教育。紧扣"五元文化"主题，突出热爱生命教育、感恩教育、艰苦奋斗教育和立志成才四项主题教育，扎实开展"长征火炬节"、"技能展示节"、"传统文化艺术节"的"三节"活动，形成了独具特色的文化教育氛围。这种文化建设与文化育人的理念，为学院跨越发展提供了强大的精神动力，无不彰显了高职院校强大的文化引领优势。

高职对中职在办学理念上具有引领优势。办学理念体现学校的办学之道、教学之道、管理之道，是一所学校发展的灵魂。铜仁职业技术学院对高职教育的目标定位敢于创新，提出了"立德树人、以技立业、服务新农村"的办学理念和"与地方经济发展互动，与职业岗位需求同步"的专业建设理念，开展"专业设置调研"、"毕业生跟踪调研"，明确人才培养模式，主动承担起为铜仁经济发展输送高素质技能型人才的重任，得到了市委、市政府的高度认可，这不仅带动了各县中职学校的发展壮大，更是充分显示了职业教育发展的强大生命力。2012 年 12 月铜仁职业技术学院时任院长侯长林教授亲自为各分校校长授课，以中职学校如何发展、如何做合格的中职学校校长为题，指导各县中职学校校长们如何围绕县委书记、县长的眼球转；怎样围绕地方经济发展建专业，因地制宜明确学校办学定位，切忌好大喜功、天马行空。各分校校长们受益匪浅，一致认为侯院长的讲话像一盏指路灯，教会他们如何真正办好一所职业学校。

高职对中职在课程建设与改革方面具有引领优势。高职院校拥有对行业、产业发展认识清楚、教学经验丰富的师资队伍，不仅能够出色完成高职的教学科研工作，有能力通过各种平台实现对中职学校专业建设及课程改革的指导工作。铜仁职业技术学院本着培养高素质技能型人才的目标，课程改革服从于人才培养目标的需要；完善了国、省、院三级"精品课程"建设体制，完成了院级以上精品课程建设50余门；通过校本教材编写、课改讲座、荼研会、网络交流等渠道与中职共享，为中职课改和学科建设提供有效帮助，特别是对分校专业申报实施答辩审查制度，规范中职学校的专业建设，从市场需求调研、课程标准设置、专业师资情况、实验实训基地建设等方面着手，一改拍脑门建专业的随意性，较好地发挥了高职的引领作用。

高职对中职师资队伍建设具有引领优势。目前铜仁市中职学校师资队伍现状表现为文化课教师多、专业教师缺乏，"双师型"教师更少，师资队伍建设的问题亟待解决。铜仁职业技术学院以师资队伍建设为核心，探索出一条高职师资培养的新思路、新机制、新途径，通过教授培养工程、研究生培养工程、高层次人才引进机制、青年教师进修制度、名师评选制度、专业带头人、"双师型"教师培养、教师技能大赛等，顺利实现了教师的提高、转型，涌现了大批教学业务能力精湛、师德师风优良、具有无私奉献精神的中青年骨干教师，成为学校发展不可或缺的生力军。学校也积累了师资队伍建设的成功经验，完全有能力指导中职学校。仅2013年，铜仁职业技术学院就为各分校开展校长、中层干部、骨干教师等师资培训工作500余人次，评选了集团学校优秀教师100余人次，有力推动了分校的师资队伍建设。

高职对中职校园文化建设具有引领优势。校园文化建设是一所学校的标志。构建一个完善的校园文化体系，形成健康向上、富有职业特色的文化氛围，形成全员、全过程、全方位育人机制，是高职院校的工作目标。这不仅为和谐校园的建设作出了积极贡献，其经验教训更为中职校园文化建设提供了宝贵的理论和实践依据。就目前来说，铜仁职业教育集团学校各分校校园文化建设由于办学理念不清，校园文化建设主题不明，内涵缺乏、底蕴不足；办学过程中明显存在着重技能、轻品德的倾向，甚至认为校园文化建设可轻可重、可有可无，都不同程度地存在主题不明、体制不健、经费不足、职业性不强等突出问题。铜仁职业技术学院围绕学生职业品德和技能，打造"2点、3节、4主题、5文化"的特色校园文化，对各中职学校校园文化的建设起到良好的带动作用。比如指导印江茶业学校建设以茶文化为主的校园文化，从物质文化、精神文化、行为文化、制度文化四方面着手，从茶叶的种类认知、生产加工、炒茶技术、茶道、茶叶营销等方面切入，培育有自身特色的校园文化，提高了学校的吸引力。

（三）高职院校是中职学生向上提升的最佳选择

高职与中职同属于职业教育体系，但在教育内容上有深度和广度的区别。技能型、技术型人才的培养是一个系统工程，更是一个由低到高、循序渐进的认知发展过程，中职是高职学习的准备，没有高职以及应用性本科、专业硕士、博士的延续，将失去发展的动力成为没有吸引力的"终点教育"。这既不利于社会经济的发展，更不利于学生的发展。因此，中高职衔接是使中职学生有机会发展、进步的最佳选择，也为中职学生逐渐进步，实现人人能够出彩搭建发展平台。

第四章　高职引领中职教育发展
模式的环境建设研究

一、高职引领中职教育环境建设的内容

环境是指事物赖以生存与发展所处的条件，它既可以指事物内部的结构、序列等各种维持其产生、发展乃至转化的各种关系，也可以指促进、壮大、抑制或克制事物发展的各种外部因素。环境因素对事物性质及其发展变化动态发挥着至关重要的作用，环境的好坏直接影响到事物发展的进程与质量。

高职教育作为职业教育的龙头，中职教育作为职业教育的重要组成部分，中高职协调发展的深度和广度将直接影响职业教育事业的整体发展方向。要推动高职教育对中职教育的引领，加速中、高职教育之间的有效衔接，除需要一定的政策、制度环境的支撑和文化、生态环境的滋养，还需与一定的产业环境相适应。具体来说，高职引领中职教育发展的环境主要包括以下几个方面的内容。

（一）政策环境

职业教育的发展与规范化管理需要一定的政策支持与保障。而教育政策却是一种有目的的、有组织的动态过程，是为了实现一定的

教育目标和任务而协调教育的内外关系的行动依据准则。这样，高等职业教育的政策环境就是指政策生成、运行、发生作用的过程中一切条件的总和。因此，高职引领中职教育的政策环境建设实际上就是要从国家、省、地多层面出台资金、人才、招生和校企合作等各类支持性和激励性的措施，从而形成行业企业大力支持、社会广泛认可、中高职主动对接、职业教育与行业企业互动的良好发展机制。

（二）制度环境

制度环境是指一系列与政治、经济和文化有关的、用来建立生产、交换与分配基础的基本的政治、社会和法律基础规则与习俗，它们具有相对的稳定性。"与高等职业教育相关的法律、政策和规章所构成的高等职业教育法规体系、以行业主管部门和行业协会为核心的高等职业教育规范体系、对发展高等职业教育作出文化解释的高等职业教育文化认知体系则构成了中国高等职业教育发展所必须的制度环境。"① 而高职引领中职教育的制度环境建设就是要制定中高职协调发展的各项规章制度，并严格按照制度设计加以规范和约束，借以确保职业教育的有序、规范、科学发展。如政府部门完善行业准入制，企业完善落实顶岗实习制度，中高职学校完善学分互认等各项衔接制度等，进而有效规范中高职教育的衔接与管理。

（三）产业环境

产业环境是指对处于同一产业内的各组织要素产生作用或影响的外部因素或外部条件。从产业链内部来讲，产业环境只对处于某一特定产业内的个体以及与该产业存在业务关系的个体发生作用或影

---

① 熊杰：《新制度主义视角下的中国高等职业教育制度环境浅析民办教育研究》，《学理论》2008 年第 6 期。

响。因此，高职引领中职教育的产业环境就是影响职业教育产业的资源配置、教育投入的经济效益、教育的成本和价值补偿等的外部产业环境因素。它会对处于职业教育产业内的职业教育单位以及与该产业的教育教学规模、产业状况、产业布局、竞争状况、教育状况、市场供求情况、职业教育产业政策、行业壁垒和进入障碍、行业发展前景等存在业务关系的单位发生直接影响。

（四）生态环境

生态环境是指影响人类生存与发展的水资源、土地资源、生物资源以及气候等资源数量与质量的总称，是关系社会和经济持续发展的复合生态系统。凡是对职业教育的产生及发展起制约和调控作用的多元环境体系，都可以构成职业教育的生态环境。职业教育有其特殊的宏观生态圈，即以职业教育为中心的教育观念、物理生存条件和宏观支持系统等各种基础环境系统。职业教育的微观生态则缩小到学校办学理念、校园精神，教室、设备乃至座位的分布对教学的影响，也包括课程的设置目标、教学实施、评价方法等微观系统。职业教育生态系统属于一种耗散结构系统，它具有远离平衡态的开放性和各要素之间的非线性作用，在探索现代职业教育发展道路与模式上，在高职引领中职教育发展道路上，应重视和促进职业教育优质发展的内外部环境配置，以优化教育生态学环境。

（五）文化环境

文化环境又称"文化土壤"，是指文化群体在相互交往中，从事文化创造、文化传播及其他文化活动所需要的背景和条件。它包括三个层层覆盖、相互作用的有机层次：一是被人类改造、利用，为人类提供文化生活的物质资源和活动场所的人化了的自然环境；二是经人类加工、改造自然以创造物质文化，并作为精神文化创造基础的一套生产条件的经济环境；三是经人类创造出来为人类自身文化活动提供协作、秩序、目标的一套社会政治制度和组织条件等内容。文化环境本身也是一种特殊的文化成分，是各民族所赖以生存、活动的特殊土壤，决定了不同民族文化形态及其独具个性的文化特征。职业院校作为培养高素质技能型专门人才的重要基地，同时也是先进文化的创新基地和重要辐射源，其文化环境建设对国家发展和社会进步具有极其重要的作用。职业教育在其所处的文化环境中的生存与发展的状态构成了职业教育文化生态。职业教育文化生态理论是以生命观、开放观、发展观、统筹观等为其价值取向的，是以文化创新为手段来营造公平化、个性化、自主发展、协调发展、可持续发展的职业教育文化生态的。包括学校的校园精神、校歌、校训等形成的校园价值理念，包括校园文化走廊、校园文化活动平台、文化活动品牌、文化活动建设成果，也包括师生的精神风貌、师生行为规范等，它是职业教育生态系统中的一个最为基础的子系统，其结构与功能直接反映了职业教育生态的总体的性质和水平。

二、高职引领中职教育发展环境建设的意义

（一）高职引领中职教育发展环境建设是发挥高职教育引领作用的需要

目前我国地方本科院校中大约有 600 所将转型为应用本科高校。这些本科院校基础较为雄厚，科研服务实力较强。同时，全国有高职专科院校 1200 多所，在校生人数已超过 1000 万人。尤其国家于2006 年和 2010 年（分三批）先后在全国遴选了 200 所示范性高职

（骨干）院校进行建设后。这些示范性高职（骨干）院校在师资队伍建设、人才培养模式改革、实训基地建设、政校企合作体制机制建设等方面都取得了较明显的成效，自身办学实力也得到显著的提升。但是，作为应用本科学校和示范（骨干）院校，在如何带动所有高职专科院校利用自身优势辐射带动中职学校发展，同时担负起推动地方产业转型升级，服务地方经济社会快速、持续发展使命等方面依然存在着很多问题。如校企合作中，企业对中高职认识不清，导致中高职学校产生服务内容错位混乱，互相争抢资源等现象。因此，加强职业教育环境建设，并共同营造良好的合作环境，对发挥高职教育的引领和示范作用有着十分重要的意义。

（二）高职引领中职教育发展环境建设是促进中职教育快速提升的需要

目前，全国共有中职学校 13000 多所，是高职专科院校的十倍多。虽然国家在全国遴选 1000 所示范性中等职业技术学校进行建设，而且这些学校在通过建设后，无论是在师资队伍、课程改革等方面都会不断提升，但是离职业教育服务产业发展的能力要求却还有较大差距。而且，示范性中职学校仅占全国中职学校总数的不到 8%，整个中职教育如何与产业有机对接，如何与应用本科教育、高职专科教育有机衔接，借以促进自身快速提升等方面都依然存在制度缺陷、社会认同、行业认可、机制障碍等问题，因此，加强校企合作和中高职衔接立交桥的职业教育环境建设，对推动中职教育快速提升具有十分重要的意义。

（三）高职引领中职教育发展环境建设是推动中高职有效衔接的需要

中等职业教育和高等职业教育是我国当前职业教育的两个层次，而高等职业教育又可分为应用本科和高职专科两个层次。因其办学层次有别，所以它们在办学理念、人才培养目标、课程体系构建等诸多方面均存在着较大的差异。也正因为如此，高职引领中职，促进中高职教育有机衔接在机制上还不顺畅，它们相互之间的认同和主动对接也远远不够。面对当前职业教育大发展的新形势、新任务、新挑战，如何完善各种政策措施，加强中高职相互衔接的环境建设，对推动高职专科院校利用人才智力优势，引领中职学校发展，主动对接、依托高职专科院校实施合作办学具有十分重要的意义。

三、高职引领中职教育环境建设的现状

随着社会经济和科学技术的不断纵深发展、经济增长方式转变、产业结构不断调整以及资源整合的需要，这既给职业教育大发展创造了良机，同时也给职业教育培养高素质技能型复合人才提出了更高的要求。但由于我国的职业教育起步晚、底子薄，故其在发展过程中没有现成的成功经验可以借鉴。特别是在高职引领中职教育发展领域，无论是在社会公众认知、政策法规，还是在资金投入、文化、生态环境建设及中高职专科院校建设与衔接的机制体制等方面都存在诸多的不足。因而需要在长期的探索过程中努力发掘出高职教育对中职教育的引领促进作用。尤其是高职引领中职教育发展的模式尚在实验摸索阶段，高职引领中职教育的环境建设还有待进一步完善和强化。

（一）国家政策支持力度大，但引导落实不到位

改革开放以来，职业教育对经济社会发展的贡献作用越来越被社会所认可，各级领导也充分认可职业教育的重要性，职业教育的发展迎来了新的春天。2009 年 12 月，时任中共中央总书记的胡锦涛同志视察广东时指出："没有一流的技工，就没有一流的产品。"温家宝总理也曾强调，要把职业教育纳入经济社会发展规划，促进职业教育在规模、专业设置上与经济社会发展需求相适应，并在全国教育工作大会上提出构建现代职业教育体系，在"十二五"规划报告中重申发展职业教育的重要性。正因为如此，为推动职业教育快速发展，国家在先后出台《职业教育法》、《关于大力推进职业教育改革与发展的决定》、《关于大力发展职业教育的决定》等文件的基础上，又相继出台《国家中长期教育改革和发展规划纲要（2010—2020 年)》、《国家中长期人才发展规划纲要（2010—2020 年)》、《国家高等职业教育发展规划（2011—2015 年)》和《高等职业教育引领职业教育科学发展行动计划》等政策性文件，鼓励和支持职业教育的发展。尤其是从 2006 年以来，教育部、财政部相继正式启动了"国家示范性高等职业院校建设计划"和"国家中等职业教育改革发展示范学校建设计划"。各项行动计划的实施，在加快职业教育改革与发展，全面提高人才培养质量和办学水平，更好地发挥高职专科院校在培养高素质技能型专门人才、促进就业、改善民生、构建终身教育体系和建设学习型社会的职能等方面起到了重要的促进作用。同时，各省、市也结合自身发展实际，制定了职业教育发展中长期规划、行动计划和各类配套政策措施。但是，从目前来看，仍然存在一些问题。一是表现在高职引领中职教育的政策方面还有待完善，虽然《国家中长期教育改革和发展规划纲要（2010—2020 年)》等文件提出要实现中高职教育的

有机衔接，协调发展，但还缺乏配套的实施细则来对中高职教育有机衔接发展进行细化，结果导致这一工作操作起来异常困难。二是各地对国家关于职业教育的各项政策措施落实不到位。由于地方财力较弱，对国家规定用于职业教育的资金扶持等政策已成为一句空话，就连学校自身基础设施建设也仅靠办学收入来加以解决，结果导致学校的教学设备、实训基地建设、师资队伍建设资金匮乏，最终致使高职本专科院校的引领能力和服务功能大打折扣。

（二）产业发展人才需求量大，但与产业对接不到位

当前，我国正处在加快转变经济增长方式、大力推进新型工业化的重要转型期，经济发展由高投入、高耗能、低技能、低附加值转向提高技术含量、提升产品结构、提高产品附加值，科技进步和劳动者素质提高的要求也越来越紧迫。据《中国经济周刊》报道："我国在500种主要工业产品中，有281种生产规模居世界第一，但工业产品的附加值不高、品种不多、质量不高，工人人均劳动生产率远远落后于发达国家，仅为美国和日本的1/23、德国的1/18。我国自主生产产品的品牌影响力较弱，在美国《商业周刊》发布的《2009年度全球最佳品牌100强》上，中国企业仍是榜上无名。英国品牌价值咨询机构发布的2010年全球最有价值的500个名牌中，中国只有19个，且都未进入前100名。"如此大的经济总量，如此少的知名品牌，足以说明制造业由大变强的重要性和紧迫性。随着"中国制造"向"中国创造"的转变，产业结构的升级和劳动生产率的提高，中国的众多企业既需要拔尖创新的领军人才，也需要成千上万工作在一线的高素质技能型人才，为企业的持续发展提供雄厚的人力资源支持。这对高素质技能型人才的培养目标提出了新的更高要求。但是，目前无论是应用本科院校、高职专科院校还是中职学校，校企合作机制仍然缺

失，院校一头热的现象依然突出，导致学校闭门培养、企业盲目招人，人才培养和企业用工有些脱节。因此，必须依托政府行业部门和企业，构建校企合作新机制，共同改革现有人才培养模式，全面提高人才培养质量，发挥职业教育领航者的作用，尽快实现中职教育与高职教育的有效衔接或无缝对接，真正为地方产业发展培养一大批"下得去、用得上、留得住、干得好"的技能型人才。

（三）生态发展链逐步形成，但基础较脆弱

社会公众对职业教育的认知还存在偏见。具体而言，存在着重普通教育、轻职业教育，重学历教育、轻职业技能培训，重普通教育升学率、轻职业教育就业率的"三重三轻"现象。而正是由于社会公众对职业教育认知方面的这种不足，导致了在实际工作中忽视职业教育的现象仍然较为严重。职业教育中的技工教育与其他职业教育在有关政策和待遇上还不完全一致。经济建设与人力资源开发未能实现同步协调发展。重视项目、引资与设备的配备，忽视对实用型、技能型专业人才的培养。加之职业教育经费投入不足，校企合作体制机制建设有待深化和完善，影响了高职引领中职教育所需的产业环境建设。由于大多数职业技术学校是 20 世纪 80 年代初由普通教育三类学校改制而来，办学基础相对比较薄弱；师资队伍结构不太合理，素质普遍偏低，科研力量薄弱，"双师型"教师少；学生基础差、贫困学生多、收费低而办学成本高；资金投入严重不足，作为投入主体的地方政府对大力发展职业教育相关政策落实不力，校企合作流于形式致使教学设施设备短缺，资金压力大，缺乏实习实训条件，进而影响学生专业技能水平的提升，教育质量整体水平止步不前。

（四）文化育人氛围较浓厚，但特色不明显

我国有着五千年的文明发展史，全国上下形成了较浓烈的文化育人氛围，但在特色职业教育文化培育方面还比较薄弱。这主要是由于我国职业教育起步较晚，在发展道路上受传统文化的根深蒂固影响及西方文化思潮的渗透，尤其是我国职业院校的校园文化、职业文化、课程文化等方面的建设未得到高度重视，高职引领中职教育的文化生态环境建设薄弱。因此，要夯实职业教育的文化底蕴，提升职业教育在社会发展中的文化影响力就必须努力培育出中国特色的职业教育文化体系。创新文化建设理念，构建国家职业教育校企合作政策制度体系文化，确立职业教育校企合作的政策制度，明确有关各方在校企合作中的责、权、利，按照产业的形成规律、企业的成长规律与职业教育的发展规律，探寻企业文化与职业教育文化有机融合的时机与途径。实行"拿来主义"、"走出去"与"请进来"发展战略，利用实训、实习的机会理解企业文化，学习现代职业文化。以全面拓展学生视野、增强职业认知能力、完善知识结构、提升技能人才培养的质量。在市场经济的促动下，在种种冲突不断调整的过程中，逐步与市场经济有效接轨，吸取传统文化与现代文化中有利于现代职业教育文化发展的精华，努力促成职业教育与社会经济发展的良性互动与融合，构建中国特色职业教育文化，促进区域经济与社会的发展。

（五）中高职衔接需求迫切，但机制不够顺畅

目前，很多应用本科院校、高职专科院校在管理机制、体制方面尚不够完善，教育基础设施配置薄弱，教学场所简陋，教学工具落后，教学方法陈旧，实验实训设备配备不全，有些甚至没有专门的实训场所，校园内缺乏浓烈的学习风气，这些都影响职业教育的人才的

培养质量。而中职存在的问题更多、更严峻，如人才培养目标、专业设置、课程体系构建及学生就业、管理体系及师资力量的配备等方面都存在很多疑难问题。而且中职学生在知识的理解与把握上存在局限，在学习上缺乏主动性，对专业技能把握不准，基本不能满足社会技能工作岗位的需要，所有这些势必影响中职教育的可持续发展、影响中职学生的就业质量及个人发展。广大中、高职专科院校在发展过程中其市场性不容忽视，即适应适者生存的环境。学校管理者要善于运用市场手段来配置资源，要重视客户。学校的客户是谁？就学校与学生而言，学生是学校永远的客户，学校要为学生成才服务；就工学结合、校企合作而言，学生又是学校的产品，企业是学校的客户，学校要为企业输送优秀人才。

四、高职引领中职教育发展模式环境建设的对策研究

办学环境是决定教育改革与建设成功的关键，是教育教学质量的根本保障，是激发办学活力的动力源泉。高职引领中职教育的环境建设必须从加强外部环境建设和内部环境建设同时着手，同步推进，不断优化、不断完善。

（一）加强政策支持，完善法律制度，优化高职引领中职教育发展模式的外部环境

1. 加强政策引导

近年，虽然国家通过制定出台《关于大力推进职业教育改革与发展的决定》、《关于大力发展职业教育的决定》、《国家高等职业教育发展规划（2011—2015 年）》等一系列职业教育政策文件，实现了职业教育的跨越式发展。但在发展过程中也存在诸多问题，如"大同效

应"、"一刀切"、"上有政策、下不落实"、"政策不能解决问题"、"一头热、多头冷"等现象，导致职业教育发展受阻、缺乏内生活力和教育特色。诸如此类问题，亟待国家制定出台政策文件，鼓励先行先试，实行"差别化"管理，强化监督指导，加快现代职业教育建设步伐。对高职引领中职教育发展模式而言，需解决好以下几个问题：一是鼓励高中职联手办学。通过国家制定出台《中高职衔接招生管理办法》、《高职引领中职教育发展模式办学水平评估细则》和《中高职学分互认管理办法》等政策，根据各省市高中职结构和办学规模实际，鼓励应用本科院校、示范校高等职业院校在区域内联办、创办中等职业技术学校，借助应用本科院校、高职专科院校先进的办学理念和管理经验，整合教育资源，引领带动中等职业教育协同发展。二是实行"差别化"财政政策。根据各省市财政状况进行分类定级管理，出台《中央财政教育投入配比管理办法》，明确配比系数，重点针对中西部地区财政较为薄弱、教育投入不够、办学条件落后的省份加大资金投入力度，缩小区域教育差距，实现教育公平和全面建成小康社会的目标。三是深化法人治理结构改革。在中央编办已出台的《中共中央国务院关于分类推进事业单位改革的指导意见》文件的基础上，进一步制定出台《职业院校法人治理结构改革实施办法》，通过政府积极采取补偿措施化解改革矛盾，建立风险控制保障机制，实行生均"差额"补偿财政政策，增强职业院校改革信心和办学活力，全面提升人才培养力，逐渐形成优胜劣汰、办好办强的教育激励机制。

2. 完善法律制度

现代世界职业教育发展经验表明，要构建起规范高效、充满活力的职业教育体系，必须加强职业教育立法，建构完善的职业教育法律体系，为职业教育提供宽广有序的发展空间。一是完善《中华人民共和国职业教育法》。该法于1996年颁布实施，在大力推动职业教育改革发展，保障职业教育法律地位的过程中起到了积极的作用。但随着时间的推移，《职业教育法》在实施过程中，也因职业教育外部环境和自身发展的变化出现了种种滞后性。因此，及时对《职业教育法》进行修订和完善，调整职业教育发展方向，拓展职业教育内涵，为职业教育提供健康发展的空间，成为当前亟待解决的问题。二是制定完善与《职业教育法》相配套的职业教育法律法规。职业教育立法甚少，原《职业教育法》条款过于"原则化"，缺乏可操作性，如校企合作、职业资格证书、职教师资、职业培训、中高职衔接等方面以政策性文件替代法规的做法仍不鲜见。要对职业教育法实施以来的成效和不足进行总结，把职业教育一些好的政策与规范制度上升到国家层面，以全国人大常委会的名义出台法律，以国务院的名义出台行政法规，通过提高立法的层次，进一步明确政府、学校、企业在职业教育过程中的角色定位，促使责权利明晰，规范职业教育市场。三是修订地方职业教育法规。职业教育是与区域经济联系最紧密的教育类型，我国区域经济发展不平衡，职业教育发展也不平衡。各地对职业教育法律重视程度不一，现有的地方职业教育法规提倡性、号召性条款较多，实质性、具体性条款较少，因循守旧的条款多，自主创新的条款少。随着新版《职业教育法》的出台，各地应强化地方职业教育法规的修订，注意职教立法与地方经济发展相契合，包括与区域经济发展水平的吻合、与区域经济发展重点的适应。如经济发达地区应该重点发展高等职业教育，农业大省应重点发展农村的职业教育，要使职业教育充分发挥地方经济的晴雨表和催化剂的作用；要多制定一些实质性、具体性、自主创新、有特色的条款。正如教育部原副总督学、职成教司司长黄尧曾提出的：进一步加强职业教育的法制建设，尽快修订《职业教育法》，完善相配套的条例、办法，地方也要建立健全职业教育相关章制度，加强对职业教育工作的督导检查，从制度上保证职业教育持续健康发展。通过不断健全法律、完善制度、明确举措，健全中高职衔接机制，才能充分利用高职的优势资源，发挥高职对中职的引领带动作用。

3. 产学深度融合

2005 年，教育部原部长周济曾经指出："职业教育就是就业教育。"无论中职还是高职，其培养目标均是面向生产、服务第一线培养技能型专门人才，而高职培养目标增加了"面向建设、管理第一线和高素质"内容，这就要求高中职不仅要做好课程、师资、实践实训、招生等方面的纵向衔接，还要注重与"第一线"的横向衔接，在校企合作中对培养目标、专业设置、学制年限、课程设置、培养方案等方面进行全面的系统化设计，这是中高职衔接的灵魂，也是有效缓解近年我国各地时有发生的"用工荒"现象的有效举措。在中国特色社会主义建设进程中，职业教育不仅解决人民大众受教育和就业问题，而且必将是经济社会建设的主力军和创造者，更是社会各种产业生产服务的技术骨干力量。但我国职业教育起步晚，校企合作沟通不畅，导致专业与产业对接度不高，出现人才"脱轨"现象。而此类问题的最根本原因是产业行业与学校之间缺乏制度约束、缺乏互动机制。如果说企业生产出来的东西叫"产品"，而学校培养出来的学生又是什么呢？在我国，学校的功能主要是对受教育者提供教育服务和为社会培养输送人才，前者体现了教育的公益属性，后者本身即是社会属性。目前，我国各行各业进入学校招聘人才时从未付出任何报酬，相反，作为输送人才的学校还生怕没有用人单位到校招聘毕业生。这种现象表明我国企业的用工成本太低，导致职业教育校企合作、工学结合、教师下企业等一揽子计划举步维艰。为此，国家应尽快出台各产业行业企业用工管理办法，实行用人预警制度，鼓励企业参与职业院校建设和管理，实现校企深度融合、无缝对接。

4.繁荣职教文化

党的十八大报告明确提出了建设社会主义文化强国这一宏伟目标，教育肩负着实现文化大发展、大繁荣的根本任务，是国家长治久安、兴旺发达的基石，是科技进步的源泉。为此，国家必须采取切实有效的措施努力营造全社会人人热爱教育、热爱学习的浓厚氛围和社会风气，树立终身学习观念，不断推动教育事业发展，实现中华文化大发展大繁荣。首先，由于我国职业教育起步较晚，高职专科院校都还没来得及形成鲜明的文化个性或文化特色，更不用说丰厚的文化底蕴了。即便是由办学历史比较悠久的中职或成人大学改建的高职专科院校，其校园文化建设的改造任务也是十分繁重的，甚至是需要重新构建的。其次，在发展道路上受传统文化根深蒂固的影响及西方文化思潮的渗透，尤其是我国职业院校的校园文化、职业文化、课程文化等方面的建设未得到高度重视，高职引领中职教育的文化生态环境建设薄弱。因此，要夯实职业教育的文化底蕴，提升职业教育在社会发展中的文化影响力就必须努力培育出中国特色的职业教育文化体系。要创新文化建设理念，构建国家职业教育校企合作政策制度体系文化，确立职业教育校企合作的政策制度，明确有关各方在校企合作中的责、权、利，按照产业的形成规律、企业的成长规律与职业教育的发展规律，探寻企业文化与职业教育文化有机融合的时机与途径。在市场经济的促动下，在种种冲突与不断调整的过程中，逐步与市场经济有效接轨，吸取传统文化与现代文化中有利于现代职业教育文化发展的精华，努力促成职业教育与社会经济发展的良性互动与融合，构建中国特色职业教育文化，促进区域经济与社会全面发展。

（二）加强内部治理，健全管理制度，优化高职引领中职教育发展模式的内部环境

1. 进一步理清关系

高职引领中职教育发展模式是充分利用高等职业教育改革取得的建设性成果和典型经验帮助和指导区域内中等职业技术学校建设发展，实现中高职协调持续发展。该模式的关键在"引领"二字。"引领"不是简单的口号和形式上的牵连，而在于实实在在开展专业设置、专业建设、师资培养等具体工作，以建出成效为目的。其合作形式可以是直接组合或间接"联姻"，如贵州省铜仁市通过以铜仁职业技术学院（第二批国家骨干高职专科院校建设单位）为龙头组建了铜仁职业教育集团学校，现该集团下有10所中等职业学校；也可以是高职与中职在某一领域开展的"桥联"合作，如专业建设、师资培训、课程建设或科学研究等方面，合作形式可以是多样的。无论是哪一种合作形式，理清关系是先导，只有理清相互间的关系才能更好地推进工作。

对于直接组合式的引领办学而言，必须处理好三个关系：一是领衔院校与成员学校间的关系，两者之间并非简单的从属关系，更无孰轻孰重、孰主孰次之别，应是平等互信、友好合作关系。二是决策、执行与监督的关系，决策把握发展方向，执行负责具体实施，监督保障落实到位，三者之间必须建立统分明确的权力机制，才能实现决策权、执行权和监督权既相互制约又相互协调，才能保证工作效率。三是人事、财务和物资关系，人事、财务和物资是高职引领中职教育发展模式的内部核心要素，必须创新管理机制，完善管理制度，才能保证既"有法可依"又运行灵活高效。解决高职引领中职教育发展模式相互间的关系问题，可通过组建理事会，产生以应用本科高校或高职

专科院校院（校）长为理事长、副院（校）长为副理事长、相关中等职业技术学校校长为当然理事，并在本地区遴选1—3名分管教育的政府领导、行业专家和服务对象代表为理事的理事会，制定理事会章程，明确理事长、副理事长和理事管理职权，严格理事选拔任用条件，定期召开理事会会议，不断完善管理制度。执行机构为各合作学校，理事为中等职业技术学校校长的是本校的第一执行人，在理事会指导下全面主持各项工作，选聘班子成员和管理人员，保证教学质量和人才培养水平不断提高。监督机构由校内监督和校外监督构成，校内监督系统由理事会在全员范围内遴选懂管理、善教学、敢监督的人员组成，并借助现代计算机技术开发设计较为先进的内部管理系统，如广州工程学院较为科学地开发设计了CRP数字化校园信息平台对职业技术学校教学管理、学生管理、科研管理等工作实现了较好的监控。数字化校园正逐步走向智慧校园，这将为学校实现管理监控远程化、全程化提供更大的帮助，逐渐降低管理成本、提高工作效率。校外监督通过向社会遴选较为权威的机构对教育教学管理和人才培养质量进行监督评价，推行人才培养质量预警制度和信息披露制度，主动推行校务公开，发挥社会监督作用。同时，通过调整改进内部机构，增设产业发展研究所、教学改革与政策研究室、文化研究所等科研机构，充分掌握国家政策，紧跟产业发展步伐，指导新专业申报，推动教育教学改革，全面提升人才培养质量。通过正确妥善处理好高职引领中职教育发展模式的内部关系，明确管理职权，完善管理制度，合理调配资源，加强监控管理，发挥高职引领作用，将促进高中职协调可持续发展，不断提高中等职业教育的人才培养质量和办学水平。

2.进一步健全制度

要实现高职引领中职教育发展模式的高效运行，必须加强自身改革，创新运行管理机制，实行科学化管理，才能确保工作效率。高职引领中职教育发展模式的内部管理制度建设主要体现在七个方面：
一是办学章程。章程是高职引领中职教育发展模式实施的根本制度，
是实现高中职协调发展、人才培养质量不断提高的先决条件，只有不
断完善章程才能逐步实现依法治校。二是教学管理制度。加强改革创
新，建立健全《科研团队、教学团队管理办法》、《中青年骨干教师、
"双师型"教师管理办法》、《政校企合作办学管理办法》、《教学质量
评价与监控管理办法》、《教师教学效果披露制度》等教学管理制度，
并开发设计较为灵敏的教学管理系统，不断提升教师教学水平和科研
能力。三是学生管理与后勤保障制度。坚持以学生为本，加强思想政
治教育和德育教育，结合时代特征和职业特点开发设计学生活动课
程，鼓励学生自我发展、自我管理和自我服务，积极开展社会实践，
增强职业荣誉感和责任感。同时，加强学生奖助金管理、医疗保险和
就业指导服务系统建设，提高服务学生的能力。四是人事管理与分配
制度。通过建立健全《教职工评聘管理办法》和《教职工绩效考核管
理办法》，实施"多劳多得"、"优劳优酬"的绩效考核管理制度，增
强教职工积极性，全面提高工作效率。五是财务管理与审计制度。根
据《事业单位财务规则》（财政部令第 68 号）和《高等学校财务制
度》（财教〔2012〕488 号）文件精神，严格预算管理，加强审计督
察，推行《财务开支信息披露制度》，做到公开透明。六是项目建设
与物资采购使用制度。对学校重大项目实行《专家评议论证制度》、
《理事会决策制度》和《责任追究制度》，保证立项科学、运行高效。
七是完善科研管理制度。对学校产业发展研究、教学改革研究、文化
建设研究及教育教学研究，加大资金投入，实行绩效管理和信息报告
制度，指导学校专业建设、校企合作和校园文化建设，提升科研工作
水平。通过一系列制度的出台，逐步建立起有章可循、按章办事、违
章必究的工作管理机制，全面提高学校治学能力和管理水平。

3. 进一步提升质量

人才培养质量是办学的生命线，关乎学校的生存与发展。近年，在国家对职业教育改革的大力支持下，各高中职学校人才培养质量有了大幅度的提高，但在工学结合人才培养模式、工学结合课程开发、"双师型"队伍建设及校内外实训基地建设方面仍存在一些问题，必须进一步加大改革力度，继续转变教学观念，深入产业行业调研，构建完善的高中职工学结合人才培养模式，开发一批实用性强的高中职工学结合核心课程和特色课程；着力加强"双师型"人才队伍建设，适当根据产业发展方向建立人才资源库；实施"政府引导，校企共建共管共育"人才培养战略，逐渐形成互利共赢的校企合作机制；不断改革教学方法和手段，强化技能训练，努力提高学生职业技能本领。同时，通过制定和施行《产业发展报告制度》、《人才培养质量报告制度》和《人才培养质量预警制度》等举措，加强质量监控，切实调整专业布局，主动适应产业发展，始终保证人才培养质量，努力提升学生就业竞争力。

4. 进一步加强监控

高职引领中职教育发展模式具有集团化、多元化和产业化特点，必须加强管理监控，才能保证正常高效运行。一是建立长效监控管理机制。对理事会重大决策应对实施前、实施中和实施后三个环节进行定期追踪检查；对常规教学和管理工作应明确考核检查项目、检查主要指标、评分细则及奖惩办法，实行定期或不定期检查；对重点部门或岗位应设立风险监测指标和主要防范措施，加强权力监督；严格实行《责任追究制度》和《绩效考核管理制度》，定期公开监控检查结果，确保决策制度执行有力、落实到位。二是加强监察队伍素质建设。遴选一批政治素质高、责任意识强、管理能力强的校内骨干教师和特邀监督员组成监控管理人才库，加强学校管理制度、法律法规和教育教学知识培训，加强考察交流学习，不断提升监督执行力。三是设计开发追踪监控系统。设计开发教学质量监控管理系统、学生后勤保障服务系统和重大项目管理系统，实行动态监控管理，提高监控管理效率。四是推行校务公开。利用校园网络开辟"校务公开"专栏，适时对学校重点工作、人才培养质量、财务收支情况进行公开，接受社会监督，保证学校管理公开透明。通过一系列监控管理办法，保证工作推进有力、管理到位、运行高效，努力建设"阳光"校园。

纵观我国职业教育实际，高职引领中职教育发展模式必然是建设现代职业教育体系的重要内容，是实现高中职协调可持续发展的有效途径和重要手段。而高职引领中职教育发展重在内外部环境建设，只有解决处理好内外部环境才能实现高中职教育更好、更快发展。为此，必须通过国家制定出台有利于高职引领中职教育发展的政策文件，转变职业教育发展方式，加大资金支持力度，保持上下畅通，切实做到上行下效、配套落实；加强职业教育法律法规建设，为职业教育提供强有力的法律保障；着力解决产学矛盾，不断增强产业与职业教育契合度；积极营造良好的社会文化环境，实现机会均等、教育公平。同时，职业教育应始终以人才培养质量为第一要务，坚持改革创新，切实加强内部治理，厘清发展关系，建立健全管理制度，加大管理监控力度，坚持以学生为主体，加强"双师"队伍建设，改革人才培养模式，开发设计配套课程，不断将职业文化融入校园文化建设，增强职业文化的感染力和影响力，实现人才培养质量的全面提高，才能服务好社会经济建设发展，才能真正办好人民满意的职业教育。

第五章　中高等职业教育协调
发展衔接模式探讨

一、关注中高职教育衔接模式

什么是教育衔接？有广义与狭义之分，广义的教育衔接泛指一切教育所涉及的领域之间存在的问题，研究对象为"一切教育所涉及的领域"；而狭义的教育衔接是指高一级学校与下级学校之间的连接关系。本研究所指的更多地就属于这种狭义的教育衔接。但是，衔接的内容都很丰富，具体表现在教育学制、人才培养目标、专业设置、教学内容、课程体系、招生考试等方面。中高职衔接就是指中等职业学校（包括技工学校及职业高中）毕业生可直接升入高职院校（包含专科层次的高职院校和本科层次的高职院校）在相同或相近专业继续学习的教育衔接形式。

（一）国外中高职教育衔接模式

中等职业技术教育和高等职业技术教育的衔接是职业技术教育发展的必然趋势。发达国家和地区对此有比较成熟的经验。认真研究发达国家和地区中高职教育衔接的成功做法，对于建立我国中高职教育衔接体制有着十分重要的意义。

1. 德国中高职教育衔接模式

"双元制"是德国职业教育的特色。所谓"双元制"就是指学校教育与企业培训相结合，并且以企业培训为主的职业教育模式。"双元制"模式在德国中等职业教育领域中所占比例很大，超过了 80%。德国规定进行"双元制"学习的中职毕业生与普通高中毕业生具有报考大学的同等学力和资格。同时，"双元制"职业培训单位与多种职业院校联系非常紧密，使中职学生升入高等职业教育成为可能。"双元制"为学生提供了双重资格教育（职业资格教育和升学资格教育），其中等教育毕业证书具有升学资格。因此，"双元制职业培训正是形成德国职教界各层次相互沟通、纵横交错体系的重要原因之一"。[①] 在课程方面，主要采取"核心阶梯式"课程模式。所谓"核心"，即指技术工人的专业实践活动；所谓"阶梯式"，即德国依据培训条例将三年的培训期划分为由低到高的三个阶梯：基础培训、分业培训、专长培训。"培训内容随阶梯增加而逐渐由简浅发展到精深，能够保证学生在广泛的基础培训前提下通过分化而最终达到掌握专长技术的目的，也便于职业教育的完整性和衔接性。"[②]

2. 美国中高职教育衔接模式

美国是通过实施"技术准备计划"来实现中高职课程整合与衔接的。美国在 1990 年颁布了《卡尔·D. 帕金斯职业与应用技术法》，正式提出了实施"技术准备计划"；1998 年第三次修订《卡尔·D. 帕金斯职业与应用技术法》，又进一步阐述了"技术准备计划"。这就使美国的中高职衔接是以国家法案规定来实施的，并按照统一制定的中

---

①　许卫红、邓志军：《德国中高等职业教育衔接的特点及启示》，《景德镇高专学报》2010 年第 1 期。

②　许卫红、邓志军：《德国中高等职业教育衔接的特点及启示》，《景德镇高专学报》2010 年第 1 期。

高职相衔接的教学大纲进行，采用课程体系衔接的中高职衔接模式，"中职与高职层次教学大纲或课程呈现系统性，通过大纲与课程的对接保障这两个层次职业教育的顺利衔接"①。

3. 日本中高职教育衔接模式

日本十分注重终身教育，在中高职衔接方面，主要是通过实施推荐与选拔优秀职业高中毕业生进入国立高等职业专门院校的制度来进行的。日本已经形成了高中专科学校、职业大学等一套完整学历层次的职业教育体系，学生职业高中毕业后，也普遍愿意进入专门学校、职业大学和高中专科学校等高一级职业院校进行继续深造。职业大学"在进行新生选拔时，重视他们在职业高中取得的职业资格，在入学考试中考虑和照顾到职业课程的出题比例等。对于专门学校而言，则根据职业高中毕业生中的约20%将升入专门学校这一实际情况，开发出能与职业高中教学内容相衔接的教学计划，谋求两者间的协作。"②

4. 英国中高职教育衔接模式

英国是通过国家教育制度对职业教育与文凭等值的规定，来确保中高职教育衔接的。早在20世纪80年代中期，英国就确定了职业教育职业资格与普教文凭等值作用的制度，创立了较为成功的中高职教学单元衔接模式。其具体做法是，把中职课程和高职课程统一制定成了教学单元的方法，从而"避免了任何重复学习，教学效益很高……由于教学单元之间逻辑顺序清晰，相互衔接紧凑，不断单，不重复，教学衔接适应性好"③。

---

① 周佳明：《中外中高职教育衔接模式比较研究》，《教育教学论坛》2013年第8期。
② 董绿英：《国外主要发达国家与我国中、高职衔接模式比较研究》，《柳州职业技术学院学报》2004年第3期。
③ 董绿英：《国外主要发达国家与我国中、高职衔接模式比较研究》，《柳州职业技术学院学报》2004年第3期。

此外，法国、澳大利亚、俄罗斯等国家包括我国台湾地区的中职与高职教育的衔接模式，都有很多成功的经验值得我们学习和借鉴。

（二）我国中高职教育衔接模式

纵观当前对中高职衔接教育的研究现状，不难发现，不同研究者对中高职教育的衔接模式划分的视角和纬度各有不同。有研究者将现有的中高职教育衔接模式概括为三种：一是梯次衔接模式。在这一衔接模式中，作为低阶梯的中职教育是高职教育的预备教育，作为高阶梯的高职教育是中职教育的延伸教育。目前世界许多国家和地区采用了这种衔接方式。二是螺旋衔接模式。在这一衔接模式中，中高职教育从低到高每一次晋级，除了需要低一层次的学历资格外，还要求有一定的工作经验。采用这种模式的国家很多，其中德国的职业教育模式就是一个典型的例子。三是系统衔接模式。这一衔接模式关注体制上的衔接，如"四年一贯制"、"五年一贯制"、"六年一贯制"等，中高等职业教育界线的淡化和课程内容的相互融合、渗透是系统衔接的外在表现形式。除此之外，有些研究者还将目前我国中高职学制结构及其衔接模式概括为以下两类：一类是独立结构类型，即中职与高职各自根据自己的学制年限进行教育，高职专科院校主要通过升学考试这一手段择优招收中职毕业生，这在实践中已初见成效，如中职推优、中职单报高职等。另一类是一体化结构类型，即中职与高职统筹安排和整体设计所形成的一种学制结构及衔接模式。

（三）高职引领中职教育与中高职教育衔接的关系

中高职教育衔接不是简单的连接，而是构成了一个新的系统。在中高职教育衔接所形成的系统中，中职教育、高职教育以及它们之间衔接所形成的新的关系、产生的新的能量是构成这个系统的主要组成部分。在这些新的关系中，中职教育和高职教育之间的相互关系表现在依存、支撑、引领等多个方面，高职对中职教育的引领就是其中重要的方面。因此可以说，高职引领中职教育是中高职教育衔接系统中的重要组成部分，也是该系统新能量产生的重要来源之一。

二、中高职教育衔接形式

除了上述有关中高职教育衔接模式的论述之外，国内还有许多学者对中高职教育衔接的形式进行了探讨。如吴金林、石一民等研究者指出，从高职教育的角度来看衔接形式主要可以分为以下几种：一是对口招生模式。该模式是指完成了三年中职教育的中专、技校、职高毕业生（"三校生"），通过单独组织的高职招生考试，到专业对口的高职专科院校学习二年至三年，获得大专文凭；二是五年一贯制模式，实施五年一贯制的高职专科院校招收应届初中毕业生，学制五年，这虽然实践多年，但有值得总结的经验教训；三是"3＋2/3＋3"或"4＋2"模式，是指高职专科院校与中职学校挂钩，实行分段贯通式联合办学；四是以自学考试为主体的各种宽进严出的模式。总的来说，研究者对中高等职业教育衔接模式的各种分类，关注点一般集中在五年一贯制、"3＋2"模式和对口招生模式上。①

需要说明的是，在现代职业教育体系的构建背景下，高职教育包含本科层次的职业教育和专科层次的职业教育，对于中等职业学校毕业生直接升入本科层次职业教育的衔接途径、形式和内容进行探索和实践，天津职业技术师范大学是先行者。该校除招收高中毕业生

---

① 参见吴金林、石一民：《从高职教育我看中高职衔接问题及对策》，《浙江海洋学院学报》（人文科学版）2008 年第 4 期。

外，还根据原国家教委《普通高等学校招收少数职业技术学校应届毕业生的暂行规定》[（87）教学字 012 号] 和原国家劳动部《天津职业技术师范学院单独招生办法》[劳部发（1997）41 号] 文件的规定，采取单独命题、考试、录取的办法，从技工学校优秀应届毕业生中招生，为职业教育培养"双证书、一体化"本科层次的职教师资，且单独招生考试录取的学生与全国普通高考录取的学生享受同等待遇。比如，2014 年招生简章中，材料成型及控制工程（模具方向）学制五年的本科层次，招收对象为具有中级及以上职业资格证书的车工、数控车工、机修钳工、工具钳工、装配钳工、铣工、数控铣工、加工中心操作工工种的技工学校毕业生。

三、中高职教育衔接方法与内容

有关这方面的研究成果较多，一是马建富、沙启仁[1] 等研究者提出"中高等职业教育衔接是四大要素的衔接。分别是培养目标的衔接、专业设置的衔接、人才素质结构的衔接、课程体系的衔接"。二是俞启定等[2] 就中高等职业教育衔接招生考试方面作了相应的研究，指出招生考试是中高等职业教育衔接的重要途径，适当地扩大从中职对口招生的数量，建立校校直通快车，高职直接从中职对口专业招生，既体现职业教育在培养目标、专业及学制等方面的中高两个层次的有机衔接，又加宽了中职毕业生继续深造的路径。其中，专业衔接是招生考试的接口，对口相同的专业进行招生，是中高等职业教育招生考试制度建设的应有之义。三是培养目标的衔接。赵志群等研究

---

① 　参见马建富、沙启仁：《中高等职业教育衔接理念构建与技术设计》，《职业技术教育》2003 年第 24 期。

② 　参见俞启定：《对口招生：中高职衔接的关键所在》，《中国职业成人教育》2003 年第 7 期。

者① 从课程衔接的角度，将世界主要国家中高等职业教育培养目标衔接总结为三种模式：第一种是纵向延伸模式。即指学生在职业教育各阶段都能获得相同或相近工作范围的职业资格，高职获得职业资格的层次高于中职，每一层次职业资格都包含从事相应职业所需的全部能力，学习意味着能力拓展和提高。第二种是横向扩展模式。即指学生在职业教育各阶段获得工作范围不同的职业资格，较高阶段获得职业资格的层次不一定高于较低阶段取得职业资格的层次，学习意味着就业范围的扩展。第三种是横纵延伸扩展式，即指学生在职业教育各阶段获得层次和工作范围不同的职业资格，学习意味着就业范围的扩展和从业能力的提高。但总的来说，大家都形成这样的一个共识，即培养目标衔接是针对某一专业进行的，专业是培养目标衔接的基础。四是课程的衔接。魏敏等研究者认为课程衔接要与人才素质对应，提出"中高职课程的衔接既要采取外延式的衔接，更要注重内涵式的衔接，以促进课程真正全面沟通"。"设置人才业务规格，培养目标全面接轨；统编专业教学计划，课程设置全面沟通；设计课程，教学目标全面对接；编制层级教学单元，职教教材全面统筹。"而徐思成等研究者却认为课程衔接要注重岗位技术能力的衔接，提出"专业课程的衔接，突出以动手能力为核心的学生职业素质培养"，"瞄准职业岗位（群）或者技术领域的实际需要和具体要求，以体现学生个体知识、能力结构以及学生个性特征来构建综合化的灵活的内容结构体系"。

综上所述，我们可以总结出，无论是关注人才素质的课程衔接，还是注重岗位技术能力的课程衔接，都是建立在对某一专业的课程衔接基础上的，都是针对某一专业的人才素质与岗位能力作出分析的，都要进行课程衔接体系设计的研究工作。

---

① 赵志群：《国外中高职课程衔接给我们的启示》，《职教论坛》2002 年第 22 期。

第六章　高职引领中职教育发展的模式研究

　　在党中央、国务院的高度重视和大力推动下，我国职业教育发展的政策环境、舆论环境和社会环境得到了明显改善，特别是近十余年来，职业教育规模迅速扩大，质量稳步提升。据教育部统计数据显示，截止到 2011 年年底，全国中等职业教育各类学校有 13093 所，在校生人数达 2205.3 万人，校均学生人数为 1684 人；高职（专科）院校 1280 所，在校生人数 958.85 万人，校均学生人数为 7491 人。《国家中长期教育改革和发展规划纲要（2010—2020 年）》指出：到 2020 年，要形成适应经济发展方式转变和产业结构调整要求、体现终身教育理念、中等和高等职业教育协调发展的现代职业教育体系。在职业教育体系中，高职教育处于技能型人才培养的高端，对中职教育起引领作用。研究高职引领中职教育发展的模式建构与选择，对促进职业教育的和谐、科学发展具有重要意义。

一、高职引领中职教育发展模式形成的因素分析

　　我国高职教育与中职教育虽然隶属不同的层次，具有不同的人才培养定位，但都属于职业教育范畴，都具有职业教育属性，这就使

高职教育与中职教育存在许多共性和一致性。这些共性和一致性，使高职教育与中职教育之间的对接和引领成为可能。此外，我国高职教育虽然起步较晚，但发展很快，尤其是国家和省级示范性高职院校建设项目的实施，为我国职业教育发展提供了很多理论和实践探索，这些探索和成果不仅可以为其他高职院校的发展提供范例，同时也为高职引领中职教育奠定了坚实的基础。

　　然而，高职引领中职教育要真正形成架构，并成为一种模式，必须具备四个方面的基本条件：一是高职院校办学实力要比中职学校强。办学层次高不等于办学水平高和办学实力强。如有的区域，高职院校办学水平一般，而其中某区县的中职学校则已经是省级甚至是国家级示范性中职学校，其学校发展的速度和教育理念的先进性已经超过高职专科院校。二是区域内的政府或行业主管部门要发挥主导作用。学校与学校之间，要"自我攀亲"，短期或者某个单项工作可以，但形成引领发展的关系并固化为模式，难度很大，因为其中牵涉很多问题，一方面，高职院校不想额外增加任务，不愿引领；另一方面，中职学校担心高职的引领会削弱其办学的独立性而不愿意被引领。这就需要政府或行业主管部门的协调和主导。三是要逐步建立合理的利益机制。高职院校引领中职学校，会形成一定的组织（联盟、集团或者其他），这个组织是由不同法人单位组成的共同体。要使这个共同体长期存在，并且有所发展，必须以利益为纽带，形成利益共同体，才能保证良性发展。四是中职学校自身要有发展的愿望。中职学校自身有强烈的发展需求，才会去思考发展的方法和路径，在政府或行业主管部门提出高职引领中职教育要求时，就会主动加入，借力发展。

二、高职引领中职教育发展模式建构的理论依据

"共生"（Symbiosis）一词原本是生物学的概念，由德国生物学家德贝里 1879 年提出，原意是指"不同种属按某种物质联系生活在一起，形成共同生存、协同进化或者抑制的关系"。共生理论应用于社会科学领域是在 20 世纪中叶才开始的。在科技高度发达的现代社会，随着人际交往的日益密切，人与人之间、人与物之间自然结成了一个互相依赖的共同体，并进而形成互相依赖与协同发展的共生系统。这种共生系统包括共生单元、共生模式、共生环境三大要素。共生单元是构成共生系统的基本能量单位。如果把高职引领中职教育所形成的系统看成一个共生系统，其中的共生单元就是指作为引领主体的高职院校和引领客体的中职学校，它们是该共生系统内部的利益相关者。共生模式是决定共生系统效率的核心要素，在共生系统的形成和发展中具有关键性的作用。从高职引领中职教育所形成的共生系统来看，其共生模式就是高职引领中职教育所形成的共生系统的成员单位之间组织与能量的联系方式，体现在高职院校与中职学校之间或者中职学校彼此之间的交换关系上。良好的共生模式是将共生系统内各成员学校连接在一起的纽带，能够保证该共生系统的稳定性和持续性，使各学校所追求的利益最大化，从而使高职引领中职教育取得最好的成效。所谓共生环境则是指共生系统中除共生单元以外的一切影响因素的总和。从高职引领中职教育所形成的共生系统来说，教育的、经济的、社会的、自然的、人文的等多种因素都可能对这个系统产生影响，只是或大或小而已。

从共生理论看，不断优化高职引领中职教育所形成的共生系统，包括共生单元的选择、共生模式的构建与共生环境的营造三个部分。

在共生系统形成中，共生单元（伙伴）的选择需要一定条件。如作为引领主体的高职院校是否具有引领的能力，作为引领客体的中职学校是否具有一定的基础和发展意愿等，都是选择时要考虑的因素。高职引领中职教育所形成的共生模式的构建需要从共生能量模式和共生组织模式两方面同时考虑。共生能量模式演进过程一般是由寄生模式到偏利共生模式再到互惠共生模式。高职引领中职教育首先是寄生模式，即各中职学校依附于高职院校发展。但这种寄生模式由于不会产生新能量，并且能量是单方向流动的，所以不可能长期存在。在偏利共生模式中，虽然能够产生新能量，但能量的分配只惠及共生单元的某一方，即作为引领客体的中职学校这一方，作为引领主体的高职院校，是不会永远做这种对自己没有成效的工作的，因此，难以产生持续的共生效应，当然也难以持续发展。而互惠共生模式，则不仅能够产生新能量，并且新能量能够既惠及引领的主体高职院校，也能够惠及引领的客体中职学校，从而形成高职引领中职教育发展的持续动力。高职引领中职教育所形成的共生组织模式的演进过程一般是由点共生模式到间歇共生模式再到一体化共生模式。这一过程是共生程度不断加深的过程，即随着共生组织模式从点共生到一体化共生，高职引领中职教育之间的协调逐渐趋于均衡，相互参与的积极性越来越高，相互依存和共生程度也日益加深，最终达到高度融合，完美合作。因此，高职引领中职教育共生模式构建的目标就是形成互惠一体化的共生模式。这种互惠一体化的共生模式的形成需要良好的、和谐的共生环境的营造。如，政府通过制定相关政策提供促进高职引领中职教育所形成的共生系统发展的政策、舆论和社会环境，行业和企业通过发挥其依托、导向、载体和服务功能等，对改善高职引领中职教育所形成的共生环境都发挥着非常重要的作用。

三、高职引领中职教育发展模式的建构与选择

笔者以为，融合式、区域式、行业式、托管式和航母式五种引领模式是我国高职引领中职教育发展的比较可行的模式建构与选择。①

（一）融合式引领模式

这是包括贵州省在内的部分省市仍在实践探索中的独特的模式。一方面，由于中职教育资源不足，省教育主管部门要求各高职院校在举办高职的同时招收中职学生；另一方面，大多数高职院校起步较晚，基本上都是由原有的中专学校合并组建升格而成，高职生源比较欠缺，学校出于自身保持规模考虑，也有招收中职学生的需求。这种模式在运行过程中，因为校区条件的限制，高职学生与中职学生基本上是在同一个环境中学习和生活，相互交融，自然就形成了融合式高职引领中职教育发展的模式。显然，这种模式没有组织架构和机制体制方面的障碍，也没有人力资源方面的矛盾和利益的纠葛，有利于高职对中职教育的引领。但是，在实际办学过程中，由于各高职院校往往把注意力集中到高职学生，对中职学生有所忽视，尤其是对中职学生的教育教学和管理缺乏思考和系统设计，甚至出现不考虑中职学生的身体和心理特点，用高职学生的活动代替中职学生活动的情况。总的来说，这是中职教育资源不足的省市在发展过程中不得已而为之的一种模式，主观上处于一种被动的状态，客观上难以保证中职学生的培养质量。不过，这种引领模式形成后，如果高职院校能够从中职学

---

① 罗静、侯长林、王锋：《高职引领中职教育发展的模式建构与选择》，《中国高教研究》2013 年第 10 期。

生的分类教学和管理需要出发，有针对性地去思考、培育师资队伍和管理团队，为中职学生量身定做培养菜单，让中职学生不被高职院校遮掩和遗忘，那该模式比较可行。虽然这样做会增加办学成本，但是从学校的可持续、良性发展的角度思考，是会起到事半功倍的效果的。

（二）区域式引领模式

就一般情况而言，每一个既有高职院校，也有中职学校的特定区域，应该说都存在高职引领中职教育发展的空间。因为在职业教育领域中，高职院校由于其办学层次相对较高，无论是人才培养质量、科学研究水平，还是社会服务能力，都比一般中职学校强，其所形成的职业教育场域和释放的各种信息都会对其所处区域的中职学校产生影响。而处于同一区域的中职学校也会自觉不自觉地向同一区域的高职院校看齐，学习其办学理念，效仿其工作措施和方法。贵州省铜仁市职业教育集团学校就是区域引领模式的典型。该集团学校是铜仁市政府主导，以国家骨干高职院校——铜仁职业技术学院为龙头，各区县中职学校为成员，按照"政府主导、统筹规划、积极推进、分步实施"的原则，于2012年6月组建。组建后，作为龙头单位的铜仁职业技术学院通过举办中职师资培训班、选聘各分校发展顾问，安排专人到分校讲学，召开分校校长联席会等，对各分校的人才培养、师资队伍建设、专业建设、课程改革等诸多方面进行引领，提升了各分校的办学水平和社会影响力，引领效应越来越明显。区域式引领模式在具体实施的过程中，共生单元的选择非常重要，作为引领主体的高职院校的引领能力和作为引领客体的中职学校的主动性与积极性是影响引领成效的主要因素。因此，区域式引领模式的前提条件就是作为引领主体的高职院校要有真正的示范作用，具有引领的能力。

（三）行业式引领模式

宁波天一职业技术学院于 2007 年牵头成立的宁波卫生职业教育集团，是全国较早的行业式集团。该集团通过搭建实习实训、教育培训、技术开发与服务、交流合作、职业发展服务、教学团队合作六大平台，对参与集团的中职学校进行全方位引领，收到了较好的效果。湖南现代农业职业教育集团，是 2008 年通过国家示范高职院校——永州职业技术学院进行引领和带动的，发展势头也比较好。其他诸如衡阳财经工业职业技术学院牵头成立的衡阳现代服务业（财贸金融）职业教育集团、广州铁路职业技术学院牵头成立的广州工业交通职业教育集团等，都属于行业式的引领模式，都较好地发挥了高职引领中职教育的作用。行业式引领模式由于专业相同或相近，高职引领中职教育所形成的共生系统中的共生环境比较一致，尤其是其中的行业、企业、实习实训基地等因素都属于同一大类，便于高职院校对相应中职学校的引领。如在人才培养、师资队伍建设、课程体系构建、实践教学、技术研发及文化建设等方面，都因为其专业的相同或相近更便于对接和沟通。一般情况而言，在相同或相近专业领域内，高职院校的办学实力要强于中职学校的办学实力，中职学校容易主动接受高职院校的带动和指导。但是，这种引领模式也有不足之处，从教育的空间布局来讲，一般不会在较小的区域内布局多所相同专业或类型的学校，因此学校与学校之间往往空间距离较远，会给引领工作增加一定的难度。如果仅顾及学校和学校之间的空间距离，那么该共生系统内符合条件的共生单元数量会非常有限，难以形成规模引领效应。因此，如何在区域范围和学校数量之间找到一个恰当的点，是这种引领模式成功与否的重要因素。这种行业式引领模式的形成，不仅会对引领主体高职院校和引领客体中职学校发生作用，同时对行业的跨越发展也会起到很大的创新推动作用，这种引领模式能否形成并良性发展，其前提条件有两个：一是作为引领主体的高职院校，其先进的办学理念和较强的办学实力要得到所在行业和行业内中职学校的公认；二是这种引领模式要得到行业主管部门的支持和倡导，并主动从机制上推动引领模式的形成。

（四）托管式引领模式

四川省在《四川省中长期教育改革和发展规划纲要（2010—2020 年）》中明确指出"支持职业教育集团化发展"，"探索优质职业技术学校对农村薄弱职业技术学校托管、帮扶的多种办学模式"。所谓托管式引领模式，就是指把中职学校完全委托给高职院校进行管理。这种引领模式一旦形成，在组织管理、专业设置、人员调配等方面就会比较顺畅，有利于高职院校对中职学校的引领。不过，这种模式的组建一定要慎重，因为要使一所学校完全臣服于另一所学校形成共生系统，其共生环境中涉及的因素非常多，除了龙头学校的办学实力和水平外，被引领的中职学校教职工的编制、工资、待遇及对未来发展的认同度等都是重要因素之一，因此难度是比较大的。如广州省从化市委、市政府在 2010 年 7 月将从化市职业技术学校托管给广州工程技术职业学院，拟通过托管的方式，利用广州工程技术职业学院在办学理念、管理、师资队伍建设、实习实训等方面积累的经验带动、引领从化市职业技术学校，使其在规模、结构、质量、效益等方面健康协调发展，但却因为事先没有征求中职学校教职工的意见，而且政府公共财政投入不但没有增加，反而因此减少，引发了从化市职业技术学校教职工的不满。所以，这种托管式引领模式要形成良性发展，有两个基本条件：其一，引领主体高职院校和引领客体中职学校要达成一致意见，形成共识，不能以行政命令简单地"托管"；其二，对公办的中职学校进行托管，其实质是政府购买教育服务，因此公共财政不应减少投入，政府不能从学校建设的出资者中完全"脱身"，成为"旁观者"。

（五）航母式引领模式

高职引领中职教育的航母式引领模式是指由一所高职院校和若干所中职学校集成的一个大的共生系统，每一所中职学校是其中的一个共生单元，平等享受由此平台所带来的各种发展资源。到 2010 年年底，江苏联合职业技术学院的分院（共生单元）总共达 40 所，办学点 31 个，年招生 4 万人，五年制高职在校生 19.3 万人，是我国目前规模最大的高职院校。但是，这所学院由于缺少一所起核心引领作用的高职院校，分院之间的关系是平等的，仅仅是大平台所带来的资源供每一所分院共享。如果要说引领与被引领的关系，就是大平台这个"航母"的集成效应对各分院发展的引领。可以想象，如果贵州的铜仁市职业教育集团学校进一步发展，一方面，将新建的地方本科院校铜仁学院加入并朝应用本科方向发展，最终发展成为应用型的综合性大学，不仅举办应用本科，而且举办专业硕士乃至专业博士层次教育；另一方面，让各区县的分校进一步朝铜仁学院和铜仁职业技术学院靠拢，逐步发展为铜仁学院和铜仁职业技术学院的二级分院，直至达到人、财、物的统一。与此同时，各中职学校在向上提升为大专层次的二级分院的过程中，逐步向下延伸，把办学点下移到乡镇甚至村，主要开展短期培训工作，方便农民就近学习。完全发展成为一个新的集团。那么这个集团不仅办学规模巨大，而且办学层次齐全，涵盖中职教育、高职大专教育、高职本科教育、高职硕士、博士生教育，形成完整的现代职业教育体系。这不仅更加有利于高职对中职的引领，而且在高职引领中职的基础上形成了应用本科引领高职、专业硕士教育引领应用本科、专业博士教育引领专业硕士教育的新的引领与被引领的关系，形成新的共生系统。因此，笔者以为，这是高职引领中职的最佳发展模式。但是，从现阶段看，由于现代职业教育体系还没有形成，要形成"航母式"引领模式，还只是"空中楼阁"。这就需要类似铜仁市职业教育集团学校这种区域式引领模式中的引领主体和客体都积极主动，从各自的角度向上提升和向下延伸，成为"一条龙"，形成一个完整的体系，这就为共生系统中的能量从职业教育顶层的博士生教育流向底层的办学点提供了通道；从另一角度，中职教育的办学点可以为高职硕博士生教育的理论研究提供实践基地和范例，形成一种良性的发展互动。当然，要形成"航母"的模式，也要求作为引领客体的中职教育的规模相对较大，否则，以"航母"冠之，难以服众。

第七章 高职引领中职教育发展的
体制机制建设

为全面落实《国家中长期教育改革和发展规划纲要（2010—2020 年）》关于到 2020 年形成现代职业教育体系和增强职业教育吸引力的要求，教育部出台的《关于推进中等和高等职业教育协调发展的意见》（职教成〔2011〕9 号）指出：遵循经济社会发展规律和人的发展规律，统筹中等和高等职业教育发展重点与节奏，整合资源，优势互补，合作共赢，强化职业教育办学特色，增强服务经济社会发展和人的全面发展的能力。

《教育部关于推进高等职业教育改革创新引领职业教育科学发展的若干意见》（教职成〔2011〕12 号）进一步提出，要"创新办学体制，鼓励地方政府和行业（企业）共建高等职业技术学校，探索行业（企业）与高等职业技术学校、中等职业技术学校组建职业教育集团，发挥各自在产业规划、经费筹措、先进技术应用、兼职教师选聘、实习实训基地建设和学生就业等方面的优势，形成政府、行业、企业、学校等各方合作办学，跨部门、跨地区、跨领域、跨专业协同育人的长效机制"。因此创新高职引领中职教育的新体制，探索区域性职业教育集团化发展之路已在全国铺开。从开始探索中高职协调发展、高职引领中职的发展个例中，我们不难看出，全社会共同支持职业教育，建立科学的体制机制，形成政府主导、行业企业、学校参与的格局，是高职引领中职教育发展的根本保障。因此，高职引领中职教育发展的体制机制建设具有十分深远的意义。

一、高职引领中职教育发展体制机制建设的制度保障

以创新体制机制为突破口，做大做强有西部特色的区域性职业教育集团学校。通过创新体制机制，采用高职带动中职的集团化发展，充分发挥政府、学校和行业企业的办学优势，整合职教资源，搭建中、高职协调发展的立交桥，将职业教育"做大、做强、做特"，增强竞争力和吸引力，既是国家推进职业教育办学体制机制改革的政策指向，也是职业院校培养高素质技能型人才的现实需要，进而对所引领中职学校产生整体影响力，形成良好的示范作用。

（一）建立全社会共同参与的外部对接和高中职内部的衔接制度

建立政府主导、行业企业共同参与职业教育发展的体制机制，提升职业教育的地位和吸引力。以成立省、市级职业教育发展理事会、联席会，建立骨干企业进职业院校制度、产教对接制度、职业院校进园区、成立一体化专业建设指导委员会等，以产业布局来调整职业技术学校的专业设置等，进而促进职业技术学校与行业企业的零距离对接，提高人才培养的质量。

尤其值得一提的是，政府主导、高职主动的沟通模式有利于推进中高职教育的协调发展。而中高职教育的协调发展，必须改变固有的职业教育体系，因为这涉及招生制度、就业制度和各级职业教育的培养模式。众所周知，招生制度是中高职教育得以实施的基础，直接

关联着职业院校的办学效益，影响着职业教育培养模式运转效果；而就业制度会反作用于培养模式，并很大程度上影响着招生制度的落实，制约着职业教育的发展前景；从这一层面来看，职业院校的培养模式受就业制度的指导，受招生制度的制约，就业制度的顺畅与否和培养模式的高效与否都会直接影响到职业院校教育质量的高低水平。

针对这种情况，建立全社会共同参与的外部对接制度和良好的高中职内部的衔接体制，则需要在以下几个方面加以重视：

第一，明确中高职教育的定位。必须明确中等职业教育和高等职业教育的各自定位，搞清楚两者自身职业层级分类。定位不清会导致职责不明，而两者培养目标难以定位，就会导致中高职教育协调发展中的专业衔接无从谈起。中等职业教育的培养目标是培养面向生产、管理、服务一线的实用型、技能型、操作型的劳动者，中等职业教育的毕业生应具备基本的科学文化素养，学习必要的文化基础知识和专业知识，比较熟练地掌握职业技能，同时具有继续学习和适应职业发展的能力；高等职业教育的培养目标是培养面向社会生产、建设、服务第一线的应用型、高级技能型的人才，高等职业教育的毕业生应学习与高等教育相适应的文化知识和专业知识，掌握更新、更高的知识、技术、工艺以及较宽的知识面、深厚的理论基础，具有较强的实践操作能力和解决生产问题的能力。只有这样才能满足社会经济发展对不同层次职业教育人才的需求。协调衔接并不是要求所有中职学校的毕业生都升学。协调衔接为学习者提供升学渠道，改变中等职业教育"断头教育"的状况，但是并不能因此就忽视了中等职业教育以就业为导向的前提，实现中高等职业教育衔接切忌舍本逐末。

第二，加强政府引导，建立政府主导职业教育发展的体制机制。从国家层面而言，有关政府部门，要面向全国，通览全局，整体协调，宏观指导，掌握方向，对中高职教育协调发展，在宏观层面上起主导作用。在着重帮助其解决好招生制度、行业指导和集团化办学等方面存在的问题的同时，想办法制定适合中高职教育协调发展的招生制度，完善有利于中高职教育协调发展的就业制度，进而推动行业企业积极参与中高职教育，并以此形成集团化办学模式，最终促进中高职教育的有效衔接，推进中高职教育的协调发展。

要成立省、市级职业教育发展理事会、联席会等制度来提升职业教育的地位和吸引力。各级政府要出台指导性的政策保障措施。而相关部门和职业技术学校也要做好专业衔接布局战略规划，要有一套切实可行的政策保障措施和沟通协调机制。具体而言，其一，要建立起人才需求预警机制，使职业技术学校能及时了解人才市场需求变化的情况，并适时地、适当地预测人才市场需求变化的走势。其二，要规范用人行为。各级政府应下大力规范市场的用人行为，严格职业资格准入制度，使市场需求、人才培养和用人机制三者有机协调起来，进而确保用人市场的规范。其三，要统筹规划区域内教育资源的利用情况。要根据职业技术学校衔接专业的实际情况，由教育行政部门统筹提出衔接专业的总量控制指导意见，从而通过此意见来调控衔接专业、规范办学行为。

第三，建议加快中高等职业教育衔接专业目录的编制。教育部《关于推进中等和高等职业教育协调发展的指导意见》（教职成〔2011〕9号）中指出要"根据经济社会发展实际和不同职业对技能型人才的特定要求，研究确定中等和高等职业教育接续专业，修订中等和高等职业教育专业目录，做好专业设置的衔接"。可见，职成教部门要加快中高等职业教育专业目录的编制，规范中高等职业教育衔接专业大类和衔接专业名称，为中高职各项工作做好基础工作，指导中高等职业教育专业衔接。为此，首先我们应以政策导向为基础，要求两个层次职业教育互相衔接，并注意产业需求相统一的问题。因为产业需求决定人才类型和人才规格的需求状况，故目录编制时不但要注重职业与专业的对应，还要注意不同教育层级与人才规格的对应，进而使衔接专业确实符合实际工作岗位的发展需求。同时还要充分考虑科学性与实用性并举原则在中高职教育衔接中的作用与地位。除此之外，各职业技术学校也要注重专业目录的指导规范作用。因为专业目录规定了专业的划分、专业名称及所属门类，反映培养人才的业务规格和就业方向，是国家和各级教育行政部门规划中等和高等职业教育发展，设置与调整专业，实施人才培养，安排招生，指导毕业生就业，进行教育统计和信息处现等工作的重要依据。

第四，强化职业教育专业体系与职业资格证书的对应体制。职业教育的专业体系是依据国家职业资格证书标准的内容来进行构建的，它有效保证了职业标准能够得到切实的实施。根据职业资格证书标准，确定何种职业需要中职层次的教育，何种职业需要高职层次的教育，或两种层次都需要。职业教育的专业教学内容与技能鉴定考核的内容应当根据培养目标的需求分清主次，有所取舍。

第五，高职教育要把握区域经济与社会发展的特点与走向，借以科学引导中职教育的可持续发展。严格来说，职业技术学校的专业结构与产业结构应是相适应的，因为这是实现职业教育可持续健康发展的重要条件与要求。故高职教育的引领作用，首先，要认清楚区域内经济产业的发展趋势，找准影响区域内产业需求变化的相关因素，包括区域宏观政策发展方向，功能定位，科技水平发展，劳动力现有数量、结构、成本等多方面的因素。其次，要研究产业需求调整趋势。具体而言，一方面要搞清现有产业发展的状况；另一方面要参考发达地区相似的经验，预测未来发展的走向。最后，还要明确区域内行业发展的重点，特别是那些具有发展潜力的朝阳产业，要重点加以分析，并以此作为规划专业布局的前提。

第六，从学校层面来看，各高职专科院校则应主动承担教育教学培养模式中的微观层面的探索与实施工作。尤其应主动就培养目标、专业设置、课程体系与教材、教学资源、教学过程、评价机制、教师培养等内容进行研究。同时在研究的过程中，要重点突破培养目标、专业设置、课程体系与教材、教学过程等方面的衔接问题，借以充分发挥高职专科院校自身优势，凸显中高职衔接的功能，并高效引领职业教育健康快速发展。

第七，建立骨干企业进职业院校、产教对接制度。要通过职业院校进园区、成立一体化专业建设指导委员会等途径，以产业布局调整为抓手来进行职业技术学校的专业设置工作等，借以有效促进职业技术学校与行业企业的零距离对接，最终提高职业院校的人才培养质量与数量。

第八，建立科学有效的调研机制。在机制的建构过程中，要努力找准中职学校的优劣势，并以专业建设和课程改革为突破口，切实建立起相关的师资培训制度、顾问指导制度、考核评价制度、专业申报制度、资源共享制度等，借此来提高中职学校的办学水平，并通过办学水平的提升来有效实现中职学校整体能力的提升。

（二）高职与应用本科的趋同发展

要实现高职引领中职，中高职协调统筹发展，还要特别注意高职与应用本科的趋同发展。当前，我国大部分新建地方本科都在朝应用型方向转型发展。这种转型发展，非常有利于现代职业教育体系的构建。但是，通过观察这种转型发展的现状，我们发现部分新建地方院校的口号提得响亮，但对转型发展的战略、过程及内涵等研究功课做得不实，必然会影响转型发展目标的实现。新建地方本科院校在转型发展过程中要深入思考与现有高职教育的衔接，如果不注意这个问题，一旦形成错位，转型发展就会走很多弯路。

高职教育与应用本科教育首先要有主动衔接的意愿，然后再寻找共同的衔接点。只有找准了衔接点，才能像榫头一样无缝衔接，然后围绕衔接点开展工作，实现趋同发展。这主要应表现在以下几个方面：①

第一，办学理念的趋同。高职教育与应用本科教育的衔接，首先是办学理念的衔接，主要体现在应用性、地方性和职业性三个方面。这三个方面是高职教育与应用本科教育都应该具有的本质特征，只有都认同了应用性、地方性和职业性的理念，高职教育与应用本科教育才能在办学理念方面找到共同衔接点。高职教育通过二十余年的发展，办学定位比较明确，应用性、地方性和职业性的办学理念已经深入人心，成为核心办学理念。但是应用本科教育才刚刚起步，甚至有的新建本科院校虽然已经提出了应用本科的办学思路，但实际还没有真正理解应用本科教育的办学理念，只是徒有"应用转型发展"的衣钵，内在仍然墨守成规，常常不自觉地以"985"、"211"大学为榜样，以硕士点、博士点的多少来衡量办学，过多地强调学术型，弱化应用性、地方性和职业性。这就使应用本科教育发展偏离了方向，没有真正转型到应用型院校的轨道上来。所以，必须使高职教育与应用本科教育在办学理念方面达到有机衔接。

第二，人才培养的趋同。办学理念趋同后，接下来就是人才培养的趋同问题，这是二者衔接的具体平台。这个平台有多个衔接口，比如专业设置、人才培养模式的构建、师资队伍建设、课程体系的建立等等。在专业设置上，高职教育是根据经济社会发展尤其是产业发展的需要进行设置的。而我国现有的新建地方本科院校更多的是根据

---

① 侯长林、罗静：《高职与应用本科的趋同发展》，《光明日报》2013 年 7 月 27 日。

学科的要求，按学问的性质和知识门类（或领域）来进行设置的。这就要求应用本科教育在专业设置方面进行调整，也要以地方经济社会发展需求为依据，尤其是根据产业或相关行业的发展趋势、市场需求、技术要求和人才需求来设置专业。在人才培养模式的构建上，高职教育是以就业为导向，以工学结合、校企合作、顶岗实习的方式进行。而新建地方本科是以学科为导向，以教师讲授为主，很少采用校企合作的方式。高职教育在保持工学结合不变的前提下，应适当加强学生的专业基础和文化素质的教育教学工作，实现"完整的人的教育"，而应用本科教育则应加强校企合作，引入工学结合的方式，对人才培养的规格和类型进行准确定位，大胆进行人才培养模式的改革与创新。在师资队伍建设方面，高职教育发展也比较成熟，国家示范高职院校已经要求双师素质教师达到90%，兼职教师授专业课课时比达到50%，虽然不是所有的高职院校都能够达到这个水平。而新建地方本科院校在师资队伍建设方面更多的还是以学科梯队组建和学术水平的提高为重点，重教师学历、学位，重理论基础和科研能力，在双师素质和兼职教师队伍建设方面，才刚刚起步，有的甚至还没有起步，这就需要加大双师素质教师和兼职教师建设的力度。在课程体系建设方面，高职教育的课程体系既要加强理论课程体系建设，重视专业理论知识方面的要求，更要加强实践课程体系建设，重视职业技能训练等方面的要求，基础理论知识只是"必须"的原则，以应用为目的，注重实用性。而新建地方本科则以"宽口径，厚基础"为标准，强调得比较多的是学科的完整性，强调知识结构的相互衔接和学生未来发展的需要，往往以"公共基础课＋专业理论课＋专业课"的"三段式"为骨干构建课程体系。这就要求高职教育的课程体系要加强基础课和文化素质课的比重，应用本科教育的课程体系则要加强实践课程体系建设。总之，两者都需要进一步厘清理论知识与实践技能的关系，优化理论课程与实践课程的比例关系，相互吸取对方的长处，逐步趋近，使高职教育、应用本科教育两个阶段的学习内容形成层次梯度，并能够合理衔接。

第三，科学研究的趋同。高职教育虽然发展了二十余年，但是科学研究主要是围绕教育教学改革开展，尤其是国家示范性高职院校建设项目的实施，使高职院校教育教学改革工作开展得轰轰烈烈，如火如荼，取得了很多成果。另外，高职教育对基础理论、人文社科和自然科学等方面的科研工作一直是讳莫如深，以致科研的氛围不浓或者基本没有形成。而新建地方本科院校则恰好相反，由于认为自己已经是本科院校了，就把科研提得很高，甚至高到不切实际的地步。笔者认为，除了教育教学改革研究外，二者的科研方向都要放在应用研究上。高职教育应重在应用研究的技术推广，辅以技术研发；应用本科教育应重在技术研发，辅以技术推广。二者的科研都要围绕地方经济社会发展尤其是地方产业的发展需要来立项，要接地气，要切实解决地方经济社会发展中出现的经济的、社会的、文化的、科技的问题，最好能够"立竿见影"。只有找到了这些共同点，二者的科学技术研究才有可能进行衔接。

从目前的现状看，高职教育的社会服务意识比较强，而大多数新建本科院校还没有把社会服务的工作提上议事日程。高职专业与应用本科专业都属于美国威斯康星大学一类院校，为地方服务是其应有职责和使命。只有都明确了这一点，二者在社会服务方面才能找到共同的衔接点。当然，这种趋同，不是完全的重叠，有一个生态位的层次问题，二者在社会服务的生态系统中所处的生态位层级是不同的。因此，应用本科教育应该增强社会服务的意识，努力提升社会服务能力，尽可能与高职教育社会服务生态位衔接，形成职业教育服务社会的完整的生态链。

二、高职引领中职教育发展的管理体制建设

体制一般指机关及企事业单位的机构设置、管理权限、工作部署的制度，它是以权力配置为中心，以结构、功能运行为主体，以各种设施和相应的规范所构成的体系；机制指事物的内在工作方式，包括有关组成部分的相互关系以及各种变化的相互联系。体制和机制既有区别又有联系，一定的体制背后蕴含着特定的运行机制，体制是实现管理的组织支撑；机制是在一定的体制下形成的，体制是比机制更基础性、稳定性、普遍性的制度范畴，在整体运行中，构成机制的各要素之间的配置方式和组织形式以及调节功能不同，则机制的运行过程和特点就不同。

随着我国职业教育的不断发展，改革也不断深入，高职专科院校特别是国家示范性（骨干）职业院校在校企合作办学体制机制、工学结合人才培养模式、服务区域经济社会发展、跨区域共享优质教育资源等方面取得了显著成效，引领了我国职业教育的改革与发展。为发挥这些院校的示范带动作用，特别是《教育部关于推进高等职业教育改革创新引领职业教育科学发展的若干意见》出台后，部分地区通过组建职业教育集团、集团学校等，就高职专科院校对区域职业教育发展的引领作了有益实践，并取得了一定成效。

高职引领中职必须建立一个组织来管理引领的有关问题，才可能有效地实现中高职的学校发展、教师发展、学生发展。这个组织的组织结构应使相关的组织资源形成一个有机的整体，达到有效地发挥整体功能大于个体功能之和的优势。高职引领中职不同的组织结构会形成不同的协作关系与权责结构，同时也会产生不同的效果。高职引领中职实际是一种合作发展问题，在高职专科院校的引领带动下，中

职学校人才培养力得以快速提升，中职学校及其教师、学生得以快速发展，高职专科院校的生源规模、质量和结构也得到明显改善。

（一）我国职业教育的管理体制

我国职业教育目前实行"在国务院领导下，分级管理、地方为主、政府统筹、社会参与"的管理体制，职业教育管理高度集中于中央，建立了在国务院领导下的职业教育工作部际联席会议制度，实行国家、部门、地方三级管理，以国家政府部门的行政隶属关系为主，中央和地方的各级教育部门、劳动部门、相关业务部门等设立相应的职业教育管理机构。各级管理主体的关系是国务院教育行政部门负责职业教育工作的统筹规划、综合协调、宏观管理，国务院教育行政部门、劳动行政部门和其他有关部门在国务院规定的职责范围内，分别负责有关的职业教育工作；县级以上地方各级人民政府负责对本行政区域内职业教育工作的领导、统筹协调和督导评估。

（二）高职引领中职的管理体制设计基础

第一，高职引领中职组织结构设计的原则。依据组织管理理论，管理体制的组织结构设计首先要科学设定管理层次，尽量减少管理层次，使组织发挥最佳效益；其次是要遵循精简高效的原则，合理设置管理部门；再次是要按照统一指导、分工协作的原则，科学划分组织成员的职权。高职引领中职需要依据工作任务、权力和责任进行有效地协调，并对其组织结构进行规划设计，以保证从组织结构上确保目标的有效实现；同时也需要依据组织内各部门和成员之间的关系，确定组织中权力、地位和等级的关系。职业教育高职引领中职的组织结构设计，首先应以引领目标的实现作为判断组织结构有效性的基准。引领是一种很强的实践性活动，要确定引领目标实现的基准，离不开参与引领工作的理论研究者和实践探索者，需要所有与引领有关的组织和个人参与基准的确定，并达到基本认同；其次，引领合作组织结构要适应环境的动态变化。引领是在变化的内外部环境中进行的，其组织结构的设计也必然要考虑到能否持续地适应环境，这就要求组织结构具有一定的灵活性和适应性。高职引领中职的组织结构设计也要有利于组织的成功。

第二，体制设计的网络治理理论及网络组织结构。治理理论是当今国际社会科学界最热门的前沿理论之一，已经形成了较为完善的理论和逻辑体系。治理理论所倡导的治理主体的多元化、主体间的合作式伙伴关系以及合理的利益协调机制给众多领域的组织管理提供了重要启示。从治理的角度看，良好的职业教育集团治理必须高效协调多元主体之间利益关系，治理理论确定了在各个主体之间存在着利益依赖，致力于集体行动的组织必须依靠其他组织，为了达到目的，各个组织之间必须协调利益。只有协调好职业教育集团内部多元主体之间的利益，积极调动其他主体的积极性，形成多元化利益空间，才可能真正构建职业教育集团治理模式。

高职引领中职实际是一个以高职专科院校为龙头，带动中职学校集团化发展的过程，这个组织是一个多层面、多中心、多对象、多途径、多方式、多内容的网络组织，合作网络治理结构比较适于高职引领中职组织结构特征。合作网络治理理论认为合作网络治理是一个多中心的公共行动体系，我们是生活在一个相互依赖的环境中，没有哪个机构拥有充足的资源和知识可以独自解决所有的问题；在解决公共事务时，相互依存的行动者通过交换资源、共享知识、谈判目标，来进行有效的集体行动。同时合作网络治理理论认为公共行动者面临着不确定的社会条件，行为主体自身也有着复杂的动机，因此在信息的获得、选择与处理等都不可能完全理性。但是，由于行为者能够通过不断的对话信息交流、各种形式的合作、持续的学习等形式克服有限理性的先天不足，调整各自的行为，追求大家都可以接受的结果。合作网络治理理论同时提出了合作互惠的行动策略，认为在网络治理中，每个行动者所做的事几乎都会对其他行动者产生影响，所以行动者在考虑个人的行动策略时都会考虑其他行动者的选择，相互依赖的公共行动者由于利害相关、信息共享，更有动机和条件采取合作行动，以创造"多赢"博弈的机会。合作网络治理理论也提出了共同学习的政策过程，网络治理中的政策是公共行动者共同学习的产物，而不是自上而下的安排，这意味着集体行动变成一种上下互动的过程。

网络组织结构在组织内部形成一个由多点网络关系联结的合作体系，又可分为各自独立又相互关联的内部网络组织和外部网络组织。内部网络组织是由任务组织起来的组织结构，每个结构单元都是网络中相对独立的一个节点，节点之间建立有多维度的联结通道，承担组织所规定的责任和义务。合作网络核心的支配和控制作用明显减弱，沟通和协调的作用明显增强。各节点在一定范围内具有自主决策的能力，面对外部复杂变化的环境，具有较好的适应性。外部网络组织是一个组织与关联组织构成的组织网络。外部网络组织多以协商或契约机制对组织进行整合，在组织间建立紧密关系，形成长期稳定的合作，共同构成网络组织，完成相关目标。外部网络中的各组织地位关系不是平等的，存在一个核心性组织，其他协作组织围绕核心组织运转，两者间属于主从关系。但这种主从关系不等于隶属关系，协作组织不隶属于核心组织，这些协作组织可能是另一个组织网络的核心组织。

与等级组织结构相比，网络组织结构具有三个方面的优势。首先是降低组织成本。对于网络组织结构来说，维持组织正常运转需要组织成本。等级组织结构通过分层的管理方式实施管理职能，在组织规模不断扩大时，层级较多的组织结构成本不断增加，整体的组织成本也会不断增加；网络组织结构则压缩了等级组织结构的中间管理层，通过多点间的联系，缩短相互之间的联系通道，防止管理机构过多带来的低效率，从而使组织成本降低。其次是创新沟通模式。网络组织结构是一种去中心的决策机制，网络组织通过运用信息技术，在组织内部构建信息网络，各结构单元可以在其权属范围之内作出决策，通过信息网络发布和传递信息，形成持续、不衰减的信息流。最后是能增强组织灵活性和有效性。缺乏灵活性是等级组织一个重要的问题。等级组织结构适宜于稳定、简单的环境。当外部环境复杂、不稳定时，等级组织的运行就会受到影响，效率就会降低。以过程为导向的网络组织，把权利和责任分散在网络结构的各个节点上，通过任务将结构单元联结起来形成整体，这样既可以使结构单元独立面对外部环境，也可以使结构单元联结起来以一个整体面对外部环境，组织的灵活性和有效性大大提高。内部网络与外部网络组织间还存在着相互转换，内部网络组织可以转变为外部网络组织，外部网络组织也可以转变为内部网络组织。网络中的双边合作是网络组织运行的重要特征，信息是影响合作建立和发展的关键因素。

网络组织结构强调合作关系。合作是网络组织成立的基础，在网络组织内，存在不同的相对独立的结构单元，这些结构单元以团队的方式进行彼此间的合作，形成一个有效率的合作组织。与等级组织结构不同，网络组织中结构单元的关联方式发生了改变，不需要权威结构单元来左右组织的运行，而是强调过程导向，通过相互间的合作来完成各项组织任务。同样，合作网络关系的维持也来自于合作关系的发展，合作成员需要保持长期的合作关系，才能使各方从合作中受益，防止网络关系破裂造成的损失。网络组织结构也强调平面结构。平面结构是网络组织的特征之一，其实质是合作组织结构在水平方向上的发展。加尔布雷斯就认为新的组织形态应该发展水平关系，构建横向组织，使其趋向于无限平坦。横向的协作关系克服了等级组织结构的低效率，也克服了信息沟通障碍，可以加强组织的弹性。但合作网络组织结构不可能完全删除等级组织结构，网络的建立虽然把合作的组织分隔为一个个结构单元，单元内部和单元之间依然存在着上下级的关系结构。不过，这种上下级的关系结构在网络组织中管理层级被压缩到了最为合理和有效的范畴之内。平面结构不是简单的流程水平，而是多维度的合作关系。合作组织结构平面的发展，使组织效率得到提高，管理层级减少，从而节约组织成本。网络组织结构同时也强调创新。网络组织结构改变了组织间控制与服从的关系，增强了合作中各类主体的协作关系，避免了过多的程序约束，赋予了管理主体、实施主体、协作主体等更多的自由度和更大的创新空间。

（三）高职引领中职的管理体制与组织结构

高职引领中职教育目前主要是通过成立集团学校，组建职业教育集团、联盟学校，在集团或联盟中发挥高职专科院校的引领作用，从而引领和带动中职学校的发展。

1. 高职引领中职教育的集团管理体制

从高职引领中职的组织结构分析可以看出，高职引领中职的集团管理体制要考虑以下三个方面的问题：一是不能简单套用企业的管理体制。企业管理中的决策机构（股东会）、业务执行机构（董事会）、监督机构（监事会）这三个主要组织机构，并不适合职业教育集团的管理体制。因为集团内部管理机构过多，不仅容易流于形式，而且可能出现管理混乱。二是可以设立理事会，作为集团决策机构。职业教育集团是由若干个学校组成的，成员都有独立的法律地位，理事会作为协商议事机构是合适的；同时职业教育集团不是事业法人，不能像法人实体一样设立董事会，否则会在法律上和实践上带来不必要的混乱；另外，职业教育集团不以营利为目的，有别于企业集团的经济性，所以称为"理事会"更加合适。三是在集团内设立理事会、常务理事会和秘书处。目前多数职业教育集团采取理事会制，但对于成员单位比较多、规模比较大的职业教育集团，为了提高决策效力，在理事会下设立常务理事会作为日常代行决策机构与执行机构是可行的；对于一些成员参与单位不多、规模相对比较小的职业教育集团来说，也可以不设立常务理事会，采取集体协商决策方式；另外，设立秘书处作为常设机构处理日常工作事务，是非常必要的，秘书处一般设在龙头学校，方便进行联络及执行理事会决定。

2. 高职引领中职教育的组织结构分析

我国的职业教育集团，特别是高职引领中职的职业教育集团是近年的事。职业教育集团管理体制相关研究处于探索阶段。冯象钦等人提出，集团实行董事会领导下的管理委员会负责制，董事会由加入集团的学校及其主管部门组成。董事会通过相关的章程产生管理委员会。管理委员会既是集团董事会的执行机构，也是处理集团日常工作的办事机构。董兆伟等人认为，职业教育集团是由若干具有独立法人资格的实体组成的联合体，集团本身不具有法人地位，可实现董事会领导下的成员单位法人代表负责制度的管理体制。马成荣在研究职业教育集团化时认为要建立职业教育集团董事会、理事会，形成整个集团的领导和决策机构，同时要建立保证集团质量标准统一实施的执行机构，建立面向市场的教育产品研发机构等，并认为职业教育集团组织结构要体现管理层级的扁平化、内部组织的团体化、组织关系的网络化和组织结构的柔性化。

在我国职业教育集团化管理体制方面，一些教育行政部门和学校作了一些探索。如山东省教育厅对于"职业教育集团的领导和管理机构"规定，职业教育集团实行会员理事会制，由各单位会员组成；集团设理事大会、常务理事会和秘书处等机构；理事大会是集团最高权力机构；常务理事会是理事大会的执行机构，其成员以正副理事长、正副秘书长和集团龙头单位的招生、教学、科研、就业、生产基地和实训基地负责人为主，吸收行业协会、企事业单位的负责人组成，在理事大会的领导下开展工作；秘书处设在龙头单位，是集团的常设机构，具体负责集团的日常工作事务。而有的教育行政部门则要求"职业教育集团成立董事会，并制定有关章程"，如《江苏省商贸职业教育集团章程》规定，江苏商贸职业教育集团实行指导委员会下的理事会负责制，指导委员会由江苏省教育厅、省经济贸易委员会、省发展改革委员会等教育和行业主管部门、省商业联合会等行业中介组织及集团中的成员代表组成，由省教育厅、省经济贸易委员会、省发展改革委员会担任主任委员单位；集团设理事会、常务理事会和秘书处；理事会是集团的最高权力机构；集团指导委员会与理事会之间的关系是指导委员会对理事会实施工作指导，理事会定期向指导委员会报告工作，接受工作指导。《山东现代服务业职业教育集团章程》规定，集团在山东省教育厅、省劳动厅、省经贸委和省发改委的指导和监督下开展工作，集团设理事大会、常务理事会和秘书处等机构；理事大会是集团最高权力机构，常务理事会是理事大会的执行机构，在理事大会的领导下开展工作；秘书处设在常务副理事长单位，是集团的常设机构，具体负责集团的日常工作事务。《浙江大港职业教育集团章程》则规定，集团实行理事会领导下的理事长执行制运行模式。

　　下面我们从分析企业集团的组织结构与管理体制入手来探讨高职引领中职的"龙头引领、集团带动"的组织结构和管理体制：

　　高职引领中职的集团是一个具有多层次的组织结构，一般由核心学校、紧密型学校、半紧密型学校以及松散型学校构成。核心学校是由具有办学优势和人才培养优势，如具有优秀专业教师、优势特色专业、先进教学设备、优质教学质量等示范性功能的学校构成。核心学校是高职引领中职的集团学校的核心，负责领导、指挥各成员学校的人才培养和相互协作，具有独立法人，独立办学资质。紧密型学校是由核心学校直接管理的学校组成，如核心学校内设的中等职业技术学校、技工学校等。半紧密型学校是由与核心学校通过缔结契约（协议）等方式建立有特定关系的学校构成。松散型学校是由承认集团章程、与核心学校建立互惠性稳定协作关系的学校。参照企业集团的组织结构，高职引领中职的职业教育集团的组织结构也可以分为核心层、紧密层、半紧密层以及松散层四个层次。

核心层。在以人才培养作为主要联结纽带的高职引领中职的职业教育集团中，龙头高职专科院校作为专业建设和人才培养在集团中处于领先地位，位于集团的核心层。职业教育集团中龙头性的示范或骨干高职专科院校通过合同为区域内学校承担有偿或无偿服务，而成为高职引领中职的职业教育集团的核心层，承担集团中各学校的专业建设、人才培养等的指导、协调以及集团的日常管理等职能。如铜仁职业教育集团学校中的铜仁职业技术学院是国家骨干高职专科院校、全国就业典型经验交流院校，其在集团内处于核心地位，是铜仁职业教育集团学校的核心层学校。

紧密层。一般是龙头高职专科院校下属的学校或参与合作办学的学校。在职业教育集团中应受举办者的控制，举办者有权选择校长人选，决定学校的办学方向、招生数量等重大问题，但不能干涉校长正常行使职权，不能直接涉入学校的教育教学活动。有独立法人但实际受高职专科院校控制的中职学校、技工学校等，应该属于紧密层。如铜仁职业技术学院领办的铜仁市中等职业学校、铜仁市技工学校、铜仁工业学校等，与铜仁职业技术学院构成母子学校管理体制，是铜仁职业教育集团学校的紧密层学校。

半紧密层。一般是指与龙头高职专科院校或其领办的学校、二级学院，为支持某一区域职业教育发展而成立的与某些学校合署办公的专门化学校。这些专门化学校与龙头学校有密切来往，与教育集团内其他成员也有比较密切的合作关系，可以成为半紧密层。如铜仁职业技术学院结合地方产业发展情况，向各县延伸成立的梵净山旅游学校、印江茶叶学校、石阡营养健康学校、黔东电子信息学校、碧江区医护学校、黔东工业学校等，是铜仁职业教育集团学校半紧密层学校。

松散层。一般包括参与协作的学校、龙头学校对口招收其毕业生的学校，按照集团标准开展办学的挂靠学校等。这类学校作为职业教育集团成员非常不稳定，参加比较容易，退出也比较自由。主要通过与职业教育集团内主要成员签订协议的形式进行合作，并按照协议的规定享有权利、承担义务，可以理解为一般的合作关系。如铜仁职业教育集团学校中的沿河中等职业学校、玉屏中等职业学校、石阡中等职业学校等，是铜仁职业教育集团学校的松散层学校。

3. 高职引领中职集团发展管理中应处理好的关系

高职引领中职的职业教育集团发展，是一个处于探索阶段的合作组织，由于其成员单位较多，内部关系比较复杂，于是对集团内部各种关系的处理是高职引领中职集团发展管理中的难题，在实践中要正确处理好以下关系。

一是有效发挥集团核心层即龙头学校的作用。虽然有理事会作为集团的决策机构，但理事会成员不常在一起开会，集团的日常管理职能是由龙头学校承担的。所以教育行政部门对龙头学校要有一定的要求。如浙江省教育厅要求"龙头学校应具备领导班子勇于开拓、专业特色明显、师资力量较强等条件"，山东省教育厅要求"龙头院校要具备领导班子勇于开拓、专业特色和优势明显、内部设施配套、师资力量较强等条件"。在高职引领中职的集团化发展中，一般来说，除要有一个勇于开拓的领导班子和坚强有力的管理干部队伍外，龙头学校应具有先进的办学理念、专业建设理念以及较强的资源整合能力，能促进集团内其他学校与其共享优质教育教学资源，为培养合格技能型人才奠定基础；龙头学校对区域的产业及产业转型升级发展状况、人才需求状况等有深入的调研，能在集团内与其他学校共享这方面的信息；龙头学校有成功的专业建设与课程开发经验，并拥有与专业课程实施相匹配的先进的实验实训条件，可为集团内成员学校的学生实验、实训及教师培训提供平台；龙头学校有一支专业理论扎实、实践能力强和教学经验丰富的专任教师队伍，能在集团内为成员学校提供教育教学示范；龙头学校有一支能结合教育教学需要及地方经济社会发展需要，从事教育教学和地方产业建设所需的新技术、新产品、新工艺、新材料等开发的科研团队，在不断提升服务能力同时带动成员学校搞好社会服务。

二是要处理好核心层的龙头学校与其他层的成员学校组织的关系。集团内部成员因其在集团中的地位不同，与龙头学校的关系也有所不同。如有些是龙头学校直接出资举办的学校，显然是以资本作为联结纽带，类似于企业集团中的母子公司体制；有些是参与龙头学校合作办学的学校，这种关系也是以资本作为联结纽带，是联营关系；有些是龙头学校参资的学校，也是以资本作为联结纽带，显然是投资关系；由龙头学校托管或联合办学的学校，以协议作为主要联结纽带，相互之间存在密切的协作关系；对于其他各种形式参与的学校，多数与龙头学校签订了合作协议，也是以协议作为联结纽带，但这只是普通的合作关系，存在不稳定性。

三是处理好集团内部其他成员之间的关系。高职引领中职的成员单位学校，其参与集团的主要目的是为了提高办学水平与提高人才培养质量。由于其薄弱点不一致，需要引领的内容也不同，有的办学定位不准确，有的是专业设置不合理，有的是师资队伍能力与水平不达标，有的是课程开发能力不够，有的是实训条件建设跟不上，有的是技术服务能力差，有的是就业指导不到位等，需求不同，引领的内容和方式也不一样。可见，这些成员单位之间有些是合作办学关系，有些是合作开发课程或科技成果关系，有些是教师和学生培训服务关系，有些是人才交流合作关系，等等。

（四）铜仁职业技术学院引领铜仁市中职学校发展的管理体制

2012 年，铜仁市人民政府为发挥铜仁职业技术学院的示范带动作用，引领铜仁市中职学校的发展，特成立了以铜仁职业技术学院为龙头的铜仁职业教育集团学校。铜仁职业教育集团学校按照"政府主导、统筹规划、积极推进、分布实施"的思路，实行市委、市政府统一领导，各县（区）党委、政府与铜仁职业技术学院共建共管的管理体制。

1. 管理体制

一是学校主体。各县（区）中职学校在保留原有职校牌子的基础上，2012 年全部加挂铜仁职业技术学院分校的牌子，实行两块牌子，一套人马，学校的产权隶属关系不变。二是经费投入。各县（区）政府按照分级负责的原则，全面负责落实所辖各中职学校的基础设施建设和办学经费。城市教育费附加安排用于职业教育的比例不低于 30%；高等职业技术学校生均预算内拨款标准达到本地区同等类型普通本科院校的生均预算内经费标准；中等职业技术学校按编制足额拨付经费；新增教育经费中用于职业教育的比例提高到 50%；鼓励多渠道筹措办学资金。三是分校升格。当分校各项办学指标达到规定标准后，可向铜仁职业技术学院申请，升格为副县级规格，由铜仁职业技术学院评估合格后报市委、市政府审批；若达到二级分院的办学标准，可申请成立铜仁职业技术学院二级分院。四是干部管理。各中职学校科级干部以县（区）为主，协商铜仁职业技术学院同意后，进行考察任免；各分校负责人分别由各中职学校负责人兼任，由铜仁职业技术学院行文；副处级干部参照职院院内县处级干部产生办法，由市委、市政府按相关程序行文任免；分校教职工津贴可参照铜仁职业技术学院院内津贴标准执行。

2. 业务管理

铜仁职业教育集团学校内的教学等业务管理在铜仁职业技术学院的指导下，由各中职学校（分校）负责完成。一是专业管理。由铜仁职业技术学院围绕人才需求和各县（区）职业教育办学条件，对各县（区）职业教育办学规模、办学层次、专业设置等方面进行统一规划、科学布局，指导各县在办好现有优势专业的基础上，借助职院的专业品牌共建品牌专业。二是招生管理。各县（区）中职学校（分校）可保留自身部分专业进行招生办学，分别发放各县（区）中职学校的毕业证书。以铜仁职业技术学院分校的名义，按照统一确定的招生计划进行宣传，毕业后统一发放铜仁职业技术学院的毕业证书。各县（区）政府和教育行政主管部门及铜仁职业技术学院要共同采取各种有效措施组织生源，确保中职生源数量达到目标任务要求。三是教学管理。由铜仁职业技术学院对各县（区）中职学校（分校）进行指导，组织制定统一的专业建设标准、人才培养方案、课程标准等，各中职学校（分校）严格按照审定的教育教学管理规定组织实施，确保人才培养质量。四是师资管理。由铜仁职业技术学院指导各分校制定师资队伍建设规划，新进教师方案由铜仁职业技术学院负责审核，各县（区）按要求组织实施；师资培训由铜仁职业技术学院统一组织进行。

三、高职引领中职教育发展的运行机制建设

一般来说运行机制是指在人类社会有规律的运动中，影响这种运动的各因素的结构、功能及其相互关系以及这些因素产生影响、发挥功能的作用过程和作用原理及其运行方式。它是引导和制约决策并与人、财、物相关的各项活动的基本准则及相应制度，是决定行为的内外因素及相互关系的总称。高职引领中职运行机制主要是协调影响引领关系中的各主客观因素，基于外部因素形成的导向机制，对于推动高职引领中职有着不可估量的重要作用，《教育部关于推进中等和高等职业教育协调发展的指导意见》（教职成〔2011〕9号）指出："中等职业教育是高中阶段教育的重要组成部分，重点培养技能型人才，发挥基础性作用；高等职业教育是高等教育的重要组成部分，重点培养高端技能型人才，发挥引领作用。"《教育部关于推进高等职业教育改革创新引领职业教育科学发展的若干意见》（教职成〔2011〕12号）进一步强调：高等职业教育"必须坚持以服务为宗旨、以就业为导向，走产学研结合发展道路的办学方针，以提高质量为核心，以增强特色为重点，以合作办学、合作育人、合作就业、合作发展为主线，创新体制机制，深化教育教学改革，围绕国家现代产业体系建设，服务中国创造战略规划，加强中高职协调，系统培养技能型人才，努力建设中国特色、世界水准的高等职业教育，在现代职业教育体系建设中发挥引领作用"。但这里主要从寻找利益结合点构建利益驱动机制、疏通信息沟通渠道建立引领导向机制来探讨有关高职引领

中职的机制问题。

(一) 寻找利益结合点，构建利益驱动机制

任何一种合作的内在动力都来源于共同的利益，没有利益的驱动，合作不可能深入，更不可能长久。于是，高职引领中职首先要找到双赢的利益结合点，其次还要在自愿的基础上建立起不断扩大合作利益的动力机制。因此，如何挖掘双方的合作效益，并建立良好的利益驱动机制，是解决高职引领中职的关键。

1. 高职引领中职的动因

职业教育是根植于多元化的社会基础之上，职业院校与支撑它的社会环境之间既有投入产出问题，又有同呼吸共命运的唇齿相依关系。尤其是在市场经济的刺激和冲击下，职业院校为了适应不断变化的经济和社会状况，更需要寻求与行业企业以及其他职业院校的深层次合作。而社会经济的加速度发展，特别是国家示范性高职专科院校建设的不断推进并不断取得新成果，也促使行业企业及一般性的职业院校，特别是中职学校主动寻求与优质的示范性高职专科院校之间的联合，行业企业要求示范性高职专科院校为其提供优质的毕业生和技术服务，一般性的职业院校要求示范性高职专科院校为他们提供机制体制创新、政行企校合作、重点专业建设及课程开发、人才培养质量监控及毕业生就业等方面的引导。同时示范性高职专科院校在这样一种支持与引导中得到新的发展，合作双方产生了合作效益。特别是高职引领中职的集团化发展中，使高职专科院校与中职学校的专业建设处于同一方向的不同纵深状态，学生职业成长处于不同发展阶段，高职专科院校在中职升高职的生源比例不断增大的同时，不仅获得了优质生源，同时也避免了人才培养中重复而导致的成本支出。于是，高职引领中职既是职业院校通过共同发展获得效益的经济行为，又是优

先发展的高职专科院校承担社会责任的社会行为；既是政府行为，又是职业院校的一种自觉行为。高职引领中职的内在动力源就是在引领中相互产生的经济效益和社会效益所形成的效益。

高职引领中职的效益是指在投入结构不变的情况下，通过高职专科院校引导中职学校，使职业院校的人才培养和经济效益产出率大于未被引领时单独投入的产出率，这种产出率的差值就是引领所产生的效益。这种效益从学校的微观层面主要来源于通过高职引领中职，高职院不仅在引领的过程中获得直接的经济效益和发挥辐射带动、示范引领的社会效益，同时也减少从中职学校升入高职专科院校就读学生的培养成本，特别是《贵州省现代职业教育体系建设规划（2013—2020年）》要求2015年、2020年中职学生升入高职的比例分别达到30%、35%，这对贵州高职专科院校更显重要；中职学校则通过专业对接、课程开发、实训平台共享、教师互兼互聘等，除增强办学实力和借用龙头学校的品牌获得直接经济效益外，同时也从人才培养质量的提高、服务产业建设的能力增强等方面获得较大的社会效益。从职业教育服务区域的宏观层面看，通过高职引领中职的集团化发展，对区域内的中职学校专业布局进行调整，不同县（区）的中职学校的专业结构得到改善，职业教育资源得到优化，既减少了低水平重复设置专业，又做强了支持区域产业发展的重点专业，人才培养的针对性、实用性增强，中职学校服务学生和服务产业的能力也同时得到提高。

2. 高职因引领中职的效益

高职引领中职是在教育行政部门的倡导下，各职业院校在利益驱动下的主动选择和参与的过程。高职引领中职的效益主要表现在以下几个方面。

一是观念效益。从目前的情况看，职业院校所面临的最大挑战，不是技术、不是资源、不是责任感，而是需要一种新的教育教学观念。观念是人们在实践中形成的各种认识的集合体，人们根据自身形成的观念进行各种活动，利用观念系统对事物进行决策、计划、实践、总结等，从而不断丰富生活和提高生产实践水平。正确的观念有利于做正确的事情，主体的行为是由意识驱动，行为的性质是由观念决定，观念的形成来自于思想，思想来自于主体本身意识能力和成长环境。没有思想，就不会有观念。具备的本能意识和存在的具体环境决定着本身的思想，本身的思想决定着自身的观念，自身的观念决定着自身的行为，个人的行为呈现了思想，思想呈现了观念，有什么样的意识能力和环境条件就会有什么样的思想，具备什么样的思想，就会有什么样的观念，有什么样的观念，就会有什么样的行为。自身形成的各种观念成了自身一切是非善恶的判断依据，思路决定出路，观念决定财富。科学的职业教育观念发源于职业教育的科学实践，是职业教育本质的必然要求以及符合社会、教育发展客观规律的正确认识。高职专科院校特别是示范性（骨干）高职专科院校经过多年的实践，已充分认识到职业院校必须进一步转变思想观念，牢固树立科学的职业教育观、质量观、人才观和发展观，才能实现从外延式发展为主转变到内涵式发展为主，从注重硬指标显性增长转向注重软实力内在提升，进而突破职业院校是依据地方现有产业建设需要培养更多的技术工人，解决劳动力市场紧缺的陈旧观念，树立职业院校不仅承载为区域当前社会需要培养人才的任务，还应该具有培养区域未来所需人才的任务，解决产业发展升级及人才持续发展需要的新观念。这一观念的形成，促进了高职专科院校对人才培养目标、培养规格的重新思考，也促进了专业人才培养模式、培养过程的重新构建，使高职专科院校人才培养质量得到全面提高，服务区域产业建设与发展的能力得到有效提升。中职学校若在高职专科院校的引导下，通过树立新观念，准确定位人才培养目标和人才培养规格，改革人才培养模式和优化培养过程，必将产出更大更明显的人才培养效益。

二是结构效益。系统论认为系统是由若干要素以一定结构形式联结构成的具有某种功能的有机整体，系统中各要素不是孤立存在的，每个要素在系统中都处于一定的位置上，起着特定的作用。职业教育是一个统一的有机体，其中的每一部分都有赖于其他部分。职业教育结构的形成与发展变化主要受经济结构的影响，产业结构制约着职业教育的专业结构、技术结构、分配结构、消费结构。高职引领中职的结构效益首先体现在中高职协调发展结构效益。中等职业教育重点培养技能型人才，高等职业教育重点培养高端技能型人才。中高等职业教育的培养规模、结构比例应与区域经济社会对中高等技能人才需求的结构比例相一致。只有中高职协调发展才能增强职业教育支撑产业发展的能力。通过高职引领中职，发挥高职专科院校特别是示范（骨干）性职业院校的专业品牌、质量品牌和就业品牌效应，畅通中职对口升高职路径，使区域内中高职专科院校教育质量互相促进，有利于增强职业教育的吸引力，扩大职业教育办学规模，推进中高职协调发展。如铜仁市通过成立铜仁职业教育集团学校，发挥国家骨干高职专科院校铜仁职业技术学院的示范带动作用，2012 年全市各县（区）中职学校完成招生数 5885 人，比上年净增 1632 名；2013 年完成招生数 8300 人，比上年净增 2415 人，高中等职业教育规模数接近1∶2，符合铜仁市产业结构对技能人才的需求结构，实现了中高职协调发展。高职引领中职的结构效益同时体现在专业设置的中高职对接结构效益。职业教育的专业设置具有鲜明的职业性，与产业、行业、职业密切相关。据上海的资料统计，2010 年升入高职专科院校的 1万多名中职毕业生中，所读专业大类与原来中职所学习的专业大类相同或相近的仅占 37%，部分毕业生升学所读专业与原来修读专业完全无关。这一数据除与我国中高职专业设置有关外，也与我国的职业院校布局有关。我国一般是将高职专科院校设置在省级、地（市）级中心城市，中职学校则主要布局在县级城市。这些布局在县级城市的中职学校，为满足其所在区域产业人才需求和谋求学校发展，相邻学校专业设置重复，但建设力度不够，进而导致人才培养质量不高、服务产业能力不强。通过高职引领中职，合理布局地（市）级区域内的专业，将相关专业布局在主导产业县域的中等职业技术学校，同时高职专科院校按地（市）级区域产业及产业升级发展设置专业，让各县域中职学校的学生可对口升入高职专业学习，既做强了中职学校的专业，也为学生的继续学习开通了绿色通道，同时也为高职专科院校发展拓展了生源，增强了职业教育服务区域产业及产业升级发展的能力。如，铜仁职业教育集团学校依托铜仁职业技术学院这个国家骨干高职专科院校的品牌优势，由铜仁职业技术学院围绕人才需求和各县（区）职业教育办学条件，对各县（区）职业教育办学规模、办学层次、专业设置等方面进行统一规划、科学布局，指导各县在办好现有优势专业的基础上，借助铜仁职业技术学院的专业品牌共建品牌专业，调整和优化了铜仁市职业院校的专业布局。高职引领中职的结构效益也体现在教学内容衔接的结构效益。我国中高职是职业教育的两个不同的培养层次。调研发现，目前职业院校专业人才培养方案根本体现不出是培养不同层次的人才，中职与高职的教学目的、教学要求等方面大体相同，中高职专科院校相同或相似专业开设科目、课程内容等重复现象严重，中高职课程名称相同的科目较多，有的专业相同率达到 80% 以上，个别达到 100%；一些中高职专科院校名称相同或相似课程知识点和技能点等的重复率较大，一般重复率在 30%—60% 之间，个别达到 80% 以上。通过高职引领中职，准确定位中高职专业人才培养目标、培养规格，改革专业人才培养模式，构建与职业岗位对接的课程体系，开发中高职课程标准，促进专业与产业对接、课程内容与职业标准对接、教学过程与生产过程对接，就可减少或避免教学内容的重复，节省培养成本。

三是经济效益。高职引领中职的经济效益主要体现在三个方面。首先是中职学校通过高职专科院校的引导，明确办学定位、创新体制机制、提升教师教学与实践能力、提高人才培养质量等，学校的办学能力和办学水平提高增加办学收入，也因少走弯路直接节约办学成本，同时因校企合作的深化引来企业的直接投入增加学校收入。其次是高职专科院校通过引领中职，除直接释放潜在能量获得收入外，同时因生源数量与质量的改变，直接增加规模效益和节约生源差异形成的培养成本开支。再次是用人单位通过技术进步和劳动者素质的提高，实现节约社会劳动、降低成本从而提高经济效益。如铜仁职业教育集团学校，不仅给铜仁职业技术学院直接增加办学收入，也为各中职学校增加办学收入，集团学校中各分校与铜仁职业技术学院合作共建专业的利益分配比例按专业类别确定，其中：医疗卫生大类专业比例为分校占70%，铜仁职业技术学院占30%；教育、工程、信息大类专业为分校占80%，铜仁职业技术学院占20%；其余专业重在扶持，即在校生规模在500人以下时，分校占90%，铜仁职业技术学院占10%；在校生规模在500—1000人时，分校占92%，铜仁职业技术学院占8%；在校生规模在1000人以上时，分校占95%，铜仁职业技术学院占5%；同时，除医疗卫生大类专业外，其余专业在第一年对各分校按50%减免，第二年按25%减免。

（二）疏通信息沟通渠道，建立引领导向机制

高职引领中职，实际是高职专科院校把这些先进理念、思路、成果等传播、内化为中职学校办学行为的过程。在这个引领过程中，需求信息的流通和交换需要沟通，于是，疏通中高职专科院校间的信

息沟通渠道，对高职引领中职目标的实现具有重要作用。

沟通是指沟的两个界面的通路或沟中有障碍物需要疏通，即需要疏通渠道和架设桥梁，保证沟通的两个界面的疏通顺畅。作为高职引领中职中的沟通就是要铺设一条学校管理者、教师和学生等人员有一个正式的或非正式的信息交流的通道，让学校高层管理者将办学理念、办学思路、办学定位等涉及职业院校宏观管理方面的认识与实践进行交流，让中层管理者将管理思路、人才培养定位、人才培养方案等方面的理论与措施进行交流，让教师将课程开发、教学内容优化、教学设计、质量评价等课程教学方面的认识与经验进行沟通，让学生将学习认识、学习方法、学习效果等认识和收获进行沟通，在沟通中引领，在交流中带动。

高职引领中职是一个系统工程，需要沟通的内容涉及方方面面。但从目前中职学校的现状看，高职引领中职应从观念的转变切入，从专业与产业、课程内容与职业标准、教学过程与生产过程、学历证书与职业资格证书、职业教育与终身学习的对接突破，从人才培养目标、专业结构布局、课程体系和教材、教育教学过程、信息技术应用、人才成长途径、评价模式改革、教师培养培训、行业指导作用和校企深度合作的衔接着力。

1. 思想观念引领是高职引领中职的切入点

一个独特而有意义的办学理念是职业院校的最大力量之所在，也是职业院校建设的逻辑起点。目前，有的中职学校认为谈办学理念是务"虚"，办好一所职业技术学校更注重的是各种实际办学行为。从现在的职业院校的运行模式来看，注重绩效的职业院校在财务、招生方面比较重视，而注重内涵建设的学校会将自己的着力点更多地投入到师资队伍建设、校园文化的培育、教师质量的提升、实训条件的改善等方面。办学理念体现了较强的导向功能，对师生员工会产生较大的凝结作用，但是这种作用的产生并不是无条件的。首先，必须让学校教职员工都理解办学理念，比如要建设内涵型的职业院校，需要让教职员工明确教学支持服务的目的是塑造良好的教学文化，教师最主要的职责是进行教学服务和教学科研，从而完成学校人才培养、社会服务、科学研究和文化传承的任务。只有在教育教学观念和办学理念上的一致才能促使大家心往一处想，劲往一处使。其次，每一所职业院校其本身有着特有的地域优势和办学特色，所提出的办学理念应该凸显出各自的特色，职业院校只有内外结合，扬长避短，提出切合自身实际、独具特色的办学理念，才能建立起真正意义的职业院校，这也是职业院校成长为优质职业技术学校的前提。在高职引领中职的过程中，通过校级领导、中层干部之间定期与不定期的沟通交流，高职专科院校的思想观念就会影响中职学校，从而树立科学发展的观念，引导中职学校科学发展；通过高职专科院校牵头开展教研活动、合作研究和共同开发课程等，引导教师树立正确的教育观、教学观、质量观和学生观，从而将这些正确的观念化为行动，促进中职学校教育教学质量的提高和学校的发展。

2. 引导"五个"对接是高职引领中职的突破口

促进专业与产业、企业、岗位对接，专业课程内容与职业标准对接，教学过程与生产过程对接，学历证书与职业资格证书对接，职业教育与终身学习对接是职业教育改革的方向，学校专业建设的核心。于是，引导中职学校实现"五个"对接是高职引领中职的突破口。

一是引导专业与产业对接。职业教育实践性、开放性和职业性的属性，要求学校专业融入产业、行业、企业、职业、实践五大要素。职业教育的改革与发展，必须基于区域产业集群进行专业建设；专业结构的调整与布局，必须与地方产业结构的现状与发展趋势相对接。目前，由于教育具有周期性，地方政府尚未把职业教育作为产业发展战略的重要组成部分加以规划与统筹，造成专业与新兴产业对接滞后；由于缺乏政府统筹，使得专业与产业对接缺乏平台；由于部分高职专科院校在对接上仅限于专业名称与课程设置，而没有整体考虑师资队伍、教学过程、学生专业素养的系统对接，存在对接水平低、貌合神离现象。专业与产业的对接程度，直接关联到职业教育服务服务地方经济的水平与能力。因此，在高职引领中职的过程中，通过与中职学校共同进行中职学校所在区域的产业与人才需求调研，共享相邻区域的相关信息，让中职学校不仅掌握学校所在区域的产业与人才需求状况，同时也了解相邻区域的产业与人才需求状况，既避免重复设置专业，也实现了专业对接产业、专业群对接产业群、人才群直通岗位群。既准确定位学校的服务面向和岗位目标层次，确定专业服务半径和岗位层次；也对接产业链的延伸将相应专业前伸后展，对接产业分工细化将相关专业细化派生，对接产业发展不同层次的用工需求开展各种培训。

二是引导教学过程与生产过程对接。教学过程与生产过程对接是当前职业技术学校教学改革的关键。正确理解与有效实施教学过程与生产过程对接是职业院校必须分析、研究、实践、探讨与解决的实际问题。高职专科院校通过近年的改革，已充分认识到"做中学、做中教"是职业教育人才培养的基本规律，只有在做中学才是真正的学，只有在做中教才是真正的教，高素质技能型人才的观念、态度、行为和技能必须在生产一线实践中培养。在高职引领中职的过程中，通过沟通交流，引导中职学校引进企业真实的生产项目或直接对接生产过程来设计教学过程，将教学目标、教学内容融入生产过程的各个环节，实现工学结合、边做边学，把教学过程变成企业的产品生产过程，将学习任务变成生产任务，使中职学校培养的学生真正具备从事生产和适应社会发展的能力。

三是引导课程内容与职业标准对接。课程是教育工作的核心，也是与人才培养最为密切的因素，职业院校的课程是人才培养各要素和整个过程的总和；职业标准是根据职业的活动内容，对从业人员工作能力水平的规范性要求；基于职业标准，实际是基于岗位的需要。《教育部关于全面提高高等职业教育教学质量的若干意见》（教高〔2006〕16号）要求："高等职业院校要积极与行业企业合作开发课程，根据技术领域和职业岗位（群）的任职要求，参照相关的职业资格标准，改革课程体系和教学内容。建立突出职业能力培养的课程标准，规范课程教学的基本要求，提高课程教学质量。"因此，分析职业标准所要求的知识、能力、素质要求，将其融合到课程内容中，已成为职业院校课程改革的趋势。目前，一些中职学校，仍然是学科型教学为主，重理论、轻实践，重知识、轻技能，教学过程中开发的项目课程也仅是直接照搬了职业标准来组织教学，简单地把课程改成了技能训练，忽视职业道德、行为习惯、交流合作能力、探索精神和创新意识等综合能力的培养。通过高职引领中职，结合相关职业标准，明确中高职对应的职业工种等级层次，并通过开发教学项目将职业标准的"应知"、"应会"内容要求融入相关课程中，从教学整体设计上确保学生职业能力的提高和职业任职资格的落实。

四是引导学历证书与职业资格证书对接。职业资格证书制度是国家劳动管理的重要组成部分，也是劳动就业制度的一项重要内容。在我国，学历证书与职业资格证书是不同教育或培训体系下的产物，两种制度在其结构、依据和培养方式、培养目标等方面既有一定的区别，又互为联系与补充。随着经济结构的调整，先进科技成果的应用，产业结构、社会职业结构和岗位结构的变化加快，劳动密集型岗位向知识、技术密集型岗位转化，熟练工种岗位减少，技术型岗位增加，尤其是技术岗位的综合性、复杂化程度提高，对技术技能型人才的素质提出了新的更高的要求，他们必须具备适应生产和技术发展、适应职业岗位变化的能力。单一的学历证书或职业资格证书制度，都难以适应人才培养的这种要求。目前，我国已基本建立起与国家职业资格相对应的，从初级、中级、高级技工直至技师、高级技师的五级职业资格培训体系，并使之成为劳动者终身学习体系的重要组成部分。职业资格标准是实施双证互通的基础，既是职业资格等级证书的依据，也是职业教育培养计划的依据。从目前的情况看，职业技能鉴定机构除少数中职学校设有外，绝大多数都设置在高职专科院校，通过高职引领中职，引导中职学校积极开展职业技能鉴定工作，推进中职学校实施学历证书与职业资格证书并重的"双证书"制度，实现学历证书与职业资格证书的对接。

五是引导职业教育与终身学习对接。构建终身教育体系，推进终身学习已成世界性潮流。终身教育不仅使教育从阶段学习向终身学习转变，从学校教育到社会教育，更把人们的观念从学校一次性的学历教育中拓展出来，使终身教育越来越成为职业教育的重要理念之一。为此，职业院校要确立终身教育思想及学习型社会背景下的职业教育目标，努力为全民终身学习提供条件与保障；要加强校内综合管理改革力度，在教学形式、资源供给模式、后勤管理模式等方面作出改革，以就业为导向，提供多形式的教育渠道与教育内容，努力成为学习型社区的辐射源，力促职业教育与终身学习相互促进、共同发展。高职专科院校特别是示范（骨干）高职专科院校，通过近年的质量工程建设，在精品课程建设、共享视频课程建设、教学资源库建设等方面已取得可喜成果，在高职引领中职的过程中，可引导中职学校共享或建设相关内容，积极推进职业教育与终身学习对接。

3. 推进"十个"衔接是高职引领中职的着力点

一是引导中高职人才培养目标有效衔接。培养目标在范围和层次上有效合理的衔接，是顺利开展中高职人才培养衔接工作的基础，培养目标确立不准，直接影响着区域经济技能型应用人才的有效培养。进入 21 世纪，网络经济的迅猛发展，经济更多地转向技术密集型、知识密集型，企业所需的岗位技能也从原始技术、初级技术、中级技术向高级技术、尖端技术升级，这就决定了职业教育的培养目标的层次性，也要求职业院校必须根据区域发展的总体规划和主体功能定位清晰了解不同层次和类型的人才需求，合理精准地制定中高职人才培养规格和目标，使中高职人才培养目标有效衔接。然而，目前职业院校同类专业中、高职教育专业培养目标间缺乏依存性、关联性，高职教育高端技能人才的培养与中职技能型人才的培养相对独立，未形成针对产业链的系统职业规划，缺乏技能型人才与高端技能型人才培养的衔接。通过高职引领中职，经过专题研讨重新审视与定位中高职的人才培养目标，明确中高职人才培养目标的联系与差异，引导中职学校做好人才培养目标定位，促进中高职人才培养目标有效衔接。

二是引导中高职专业结构布局有效衔接。中高职专业结构衔接实际是要依据区域产业和产业发展，建立适于地方经济社会发展人才需求的中高职专业结构。中高职的专业衔接不仅要体现中高职专业与产业、专业与行业、专业与企业之间的横向联系，又要体现专业生长的规律同社会发展的规律、经济规律、人的成长的规律之间的协调与发展。在高职引领中职的过程中，通过高职专科院校牵头组织中职学校深入企业行业调研，把人才需求与专业设置相结合，专业优化与区域产业结构相结合，围绕地方发展总体规划和产业发展对不同层次、类型人才的需求，淘汰一些不适应产业和行业发展的专业，紧贴产业转型升级优化专业结构布局，构建出既明确专业的层次规格、专业布局，又与产业体系对接、与区域经济互动的上下贯通、左右融通的专业成长体系，实现中高职专业结构布局的有效衔接。

三是引导中高职课程体系和教材有效衔接。目前中高职在课程设置上缺乏沟通，存在教学内容重复等问题。高职引领中职过程中，通过高职专科院校的统筹，制定中高职专业人才培养方案，构建相互衔接的专业课程体系与课程标准，使中高职文化基础课与专业课的知识点、技能点相互衔接并有机融合，做到中高职人才培养方案在课程设置、内容深度等方面既有联系又有区别，真正实现课程内容衔接的连续性、逻辑性和整合性，适应职业院校学生渐进学习和终身教育的需要。在高职引领中职的过程中，通过邀请中职学校的专业教师和行业企业技术人才全程参与中高职衔接的专业人才培养方案的制定，共同探讨行业企业对专业人才的需求、就业岗位及在中高职阶段应具备的职业能力等，并以中高职阶段学生的学习内容为架构，合作编写相应的教材供专业教学需要，在推进课程体系衔接的同时，搞好中高职课程教材的衔接。

四是引导中高职教学过程有效衔接。职业教育主要是培养技术技能型人才，在培养模式上都应强化操作性、实践性的职业教育特色，突出职业能力培养。高职专科院校特别是示范（骨干）高职专科院校，通过多年的探索，对培养技能型人才方面已有一些成熟经验。如铜仁职业技术学院按照"构基础、强技能、重发展"的高素质技能型人才培养要求，在做好校企合作和实训基地建设工作的同时，积极推进"教、学、做一体"的课程教学模式，让学生在教中学、学中做、做中悟、悟中强，有效提高了人才培养质量。在高职引领中职的过程中，通过中高职专科院校合作开展教研活动，让中职学校的教师逐步搞清所授课程的教学目标、教学内容和适宜的教学模式，明确实现教学目标的路径、课程的教学重点与难点、传授相关知识和训练相关技能的方式方法等，引导中职学校教师做好课程教学内容、过程与情境设计等，做到教学过程中突出学生主体、教师主导地位，让学生在教师的指导下养成习惯、学习知识、训练技能，从而实现中高职教育教学过程有效衔接。

五是引导中高职信息技术应用有效衔接。高职专科院校特别是示范（骨干）高职专科院校在教师队伍建设、实训条件建设、课程建设、教学资源建设等方面都优于中职学校。因此，依托现代信息技术，以高职专科院校为主体，大力开发数字化教学资源，中高职合作共建共育共享资源信息库，合理利用各种教育教学资源，实现中高职间的信息互通、资源共享、人员共用。在高职引领中职的过程中，通过共建兼职教师库，使职业院校间兼职教师队伍共建；通过共同开发虚拟流程、虚拟工艺、虚拟生产线等实践教学资源库，使职业院校间实践教学资源共享；通过搭建校企互动信息化教学平台，将企业的生产过程、工作流程和企业兼职教师的生产现场授课等信息实时传送到职业院校的校内课堂，使职业院校间教学信息资源共用；通过信息技术应用，将优质教学资源在职业院校间共建、共享、共用，实现中高职专科院校信息技术应用有效衔接。

六是引导中高职人才成长途径有效衔接。技能型人才的成长是有一定规律的，要培养技能型应用人才，需要研究他们的特点、成长的规律和培养他们应具备的条件；技能型人才的成长并不单纯依赖于企业的培训，它需要职业院校和企业的合作培养。高职专科院校特别是示范（骨干）高职专科院校，通过实施示范性高职专科院校建设计划，构建了政校企合作办学、合作育人机制，加强了校内外实训基地建设和双师型教师团队建设，已初步探索出技能型人才的培养条件、培养途径等。通过高职引领中职，除让学生根据学历层次渐进性掌握必须够用的文化与专业知识外，还将按照初级工、中级工、高级工、技师和高级技师的职业标准要求，渐进性训练学生的职业素养和职业技能，加之拓宽职业技术学校应届毕业生进入高一级学校相关专业继续学习的渠道，必将引导技能型人才与高端技能型人才成长途径的有效衔接，搭建终身学习"立交桥"。

七是引导中高职评价模式改革有效衔接。技能型人才有自己的特点和成长规律，于是对于培养技能型人才的评价模式也有自己的特殊性，不仅要考核学生的理论知识，更为重要的是要考核学生的学习与工作态度、职业操作技能。高职专科院校特别是示范（骨干）高职专科院校，在教育教学改革的过程中，通过重构评价内容，推进了由考知识到知识、能力和素质的多元化转变；通过改革评价方式，推进了由重视终极性考试到贯穿于教学过程始终的诊断性、形成性和总结性考核转变；通过改革考试方法，推进了由中期末考试、单元测验到中期末考试、单元测验、课堂讨论、角色扮演、课堂演讲、案例分析等开放的、灵活多样的考试考核评价方法转变；在评价的主体上，推进了由学校单独考核到学校、行业、企业、社会等参与的多元评价转变。通过高职引领中职，经过教师互兼互聘、一对一帮带以及高职专科院校对中职学校教师的培训等，相互交流与沟通，必将促进中职学校建立起技能人才的科学考核评价机制，实现中高职评价模式改革有效衔接。

八是引导中高职教师培养培训有效衔接。高质量的教师队伍是推动职业院校教育教学改革、全面提高人才培养质量的根本保证。加强职业院校的教师培养培训，是提高职业院校教师队伍质量、优化队伍结构、解决职业院校教师数量不足和质量不高等的重要渠道。在实施国家示范性高等职业院校建设计划和职业院校教师素质提高计划的过程中，高职专科院校通过内培外引，已初步建立起了一支理论水平较高、实践能力强、教学效果好的专兼结合的"双师型"教师队伍。

在高职引领中职的过程中，高职专科院校将教师培养、培训的成功经验交流给中职学校。中职学校按照这些成功的路径和方法培养培训教师，必将对中职学校师资队伍建设产生积极影响。特别是示范（骨干）高职专科院校利用其建立的各级各类师资培训基地，对中职学校的教师进行定期培训，提升他们的教学能力、教学水平，在实现中高职教师培养培训有效衔接的同时促进区域职业院校间人才培养质量的共同提高。

九是引导中高职行业指导作用有效衔接。政府下设的行业主管部门是制定区域产业发展规划和行业职业标准、推广应用技术等的主管部门，其不仅熟悉区域产业布局与发展状况，同时具有上联政府下联企业的独特优势。职业院校加强与行业主管部门的沟通与联系，获得相关领导及专家的指导，对培养区域内适销对路的技能人才具有重要作用。高职专科院校特别是示范（骨干）高职专科院校，在多年的实践中积极争取行业主管部门的支持，聘请行业专家深度融入区域人才需求调研、专业设置论证、专业人才培养方案编制、课程标准制定以及担任兼职教师、参与校企合作等，形成了技能人才培养与区域经济社会发展紧密结合机制；吸纳行业领导进入职业院校的理事会，并担任相应的理事长、理事等，形成了高职专科院校与行业共育、共管的技能人才育人机制。通过高职引领中职，吸纳中职学校作为理事会成员，推荐行业专家指导中职学校专业建设与人才培养，从而强化中高职行业指导作用有效衔接。

十是引导中高职校企深度合作有效衔接。校企合作，特别是校企深度合作是培养技能应用型人才的根本之路。校企合作办学、工学结合育人已成为目前与未来职业教育改革与发展的方向。高职专科院校在探索校企合作办学、合作育人、合作就业、合作发展的过程中，通过结合企业追求利润最大化的需求，深化教育教学改革，提高人才培养质量和技术服务能力，加强校企合作关系管理。高职院校不断将校企合作的链条加长、校企合作的面扩大，使得校企双方的接触点逐渐增多，相互的依赖性也逐渐增强，合作的层面也逐渐加深，初步实现了学校、企业、学生、社会的互利多赢。通过高职引领中职，将高职专科院校的合作企业与中职学校共享，不仅可引导合作企业与中职学校依据企业职业岗位需求制定人才培养方案，将企业的生产经营活动与教学改革相互结合起来，同时可通过接收中高职专科院校的毕业生顶岗实习、就业等，满足合作企业从一般技能人才到高端技能人才的需求。

第八章　高职引领中职的实践效果研究

——以铜仁市为例

高职引领中职教育的质量如何，在外部受到政策、环境因素的影响，在内部受到认知与模式选择、沟通与协调因素、内涵与引领实力等方面因素的影响。铜仁职业技术学院本着对《关于推进中等和高等职业教育协调发展的指导意见》（教职成〔2011〕号）、《教育部关于推进高等职业教育改革创新引领职业教育科学发展的若干意见》等一系列文件中有关高职引领中职思路的实践探索，以提升本区域职业教育发展质量的思路，组建了由本院牵头，与各县（区）中职学校参加的铜仁市职业教育集团，进而从专业建设、师资培训、招生宣传上对各中职分校积极引领、大胆探索，在多方面取得了初步成效。同时，集团发展中也存在部分分校突出本位不听指挥、中职专业调整步履艰难、高职教师长期超负荷工作等一系列问题，值得深思和讨论。

一、影响高职引领中职教育质量的因素分析

近年来，针对我国高职院校快速发展与中职教育发展相对缓慢的现状，国家相关部门出台了很多政策和措施，鼓励高职院校发挥其示范和引领作用，促进中高职教育协调发展。现以铜仁职业教育集

团学校引领中职教育发展为例，在重点分析高职引领中职教育发展质量的内部和外部因素的基础上，提出高职引领中职可持续发展的策略。①

（一）影响高职引领中职质量外部因素分析

其一，政策因素。从国内外教育发展的经验来看，教育的发展一直离不开政府的政策支持，职业教育更是如此。

从国外职业教育发展的经验来看，很多国家职业教育都是政府扶植起来的，如法国和德国为了推进国家的军事和商业发展，政府主动发起职业教育大发展；俄国和日本出资派青年人到西欧学习先进的科学和技术知识，并发展本国的职业教育等等。

从我国职业教育发展的历史来看，职业教育的发展与国家政策有着密切关系，如《中华人民共和国教育法》、《中华人民共和国职业教育法》等法规的出台，在《国务院关于大力推进职业教育改革与发展的决定》政策的影响下促进了我国职业教育大发展。针对中高职教育协调发展，教育部出台了《关于推进中等和高等职业教育协调发展的指导意见》等文件，各省市教育部门在基础上出台了推进中等和高等职业教育协调发展的相关政策。但是对于高职专科院校如何引领中职教育发展缺少具体要求和指导性措施，缺少统一的管理机构和管理机制。

其二，环境因素。高职能否真正引领中职教育发展与行业、企业参与程度和社会对职业教育认同度等环境因素息息相关。行业、企业是职业教育主要服务的对象，更是职业教育能否得到发展的重要支撑。高职引领中职教育发展培养的人才质量高低，对行业企业来说，

---

① 参见晏龙强、张丽妮、杨政水：《影响高职引领中职质量因素分析》，《时代教育》2013年第23期。

意味着能否获得足够的高质量、高技能人才；对职业院校而言，行业、企业参与和支持的程度，特别是在参与人才培养方案的制定、参与指导学生实训、为学生提供顶岗实习平台等，直接关系着高职引领中职的人才培养能否真正适应生产实际的需求，能否真正培养出实践能力较强的高技能人才。此外，社会对职业院校认同度同样直接影响高职引领中职的人才培养质量。环境因素影响是高职引领中职实现科学发展、可持续发展的重要因素之一。

（二）影响高职引领中职质量内部因素分析

其一，认知与模式选择。对于高职引领中职教育发展，各高职专科院校与中职学校之间认知因素非常重要，如果高职专科院校把引领中职教育发展当成一种负担，而中职学校把高职专科院校引领当成是一种"吞并"或"寄人篱下"等，这样不仅不能达到高职引领中职的目的，更谈不上协调发展。因此，高职专科院校与中职学校之间要达成共识，要发挥各自优势，加强双方交流合作，共同商定符合本地区、本学校发展的引领模式，才能真正实现高职引领中职，充分发挥高职专科院校优质的教学资源带动中职学校办学层次、办学质量的提升，从而实现中高职协调发展。

其二，沟通与协调因素。美国当代最成功的企业家杰克·韦尔奇说过："管理就是沟通、沟通再沟通。"高职引领中职教育发展沟通与协调因素也很关键。如果高职专科院校和中职学校之间仅在认知上达成一致，没有进行长期、必要、有效的沟通和协调，那么高职如何引领中职、引领的模式是什么、如何建立利益驱动机制等问题没有得到妥善解决，高职专科院校与中职学校之间就不能形成同一目标。

其三，内涵与引领实力。高职专科院校要引领中职教育的发展，除了上述因素以外，还与高职学校自身软硬件条件等因素有关。如果说一些中职学校自身软硬件条件比高职专科院校要强，高职怎么能发挥示范引领作用呢？此外，高职和中职学校内部质量控制制度的构建、学校内部质量控制的构成要素具有点、线、面交织的多元化特点，不同的教育阶段质量控制的选择要素有所不同。学校要制定过程性、评价性、激励性的完整配套方案、制度，保障教育质量控制有章可循。

二、铜仁职业教育的现状及成因分析

近几年来铜仁市各县（区）职业教育发展取得了一定的成效，但仍然存在着教师质量有待提高、专业特色不明显、重复性建设问题严重、生源数量不足和质量较差等不足。究其原因有社会风气的影响、基础设施薄弱、教育资源不平衡和投资规模有限等。

（一）铜仁市职业教育发展现状

铜仁市共有职业教育院校 18 所，其中全日制综合性高职 1 所即铜仁职业技术学院，由省市共同管理；中职 17 所（含独立设置 14 所，各县区共 10 所，民办 4 所，高校附属 3 所）隶属于市教育局和各县（区）教育局，也就是，各县（区）均有一到两所独立设置的公办中职学校。发展状况可归结如下。[①]

其一，基础设施建设得到一定改善。近几年来，党中央、国务院和省市县各级政府明显加大了对职业教育的投入力度。例如，2006 年到 2008 年期间，思南县中等职业学校争取到省、地、县的各种基本建设资金 950 万元用于新校区建设，学校自筹资金 400 万元，职工

---

① 参见李瑛：《铜仁市各区县职业教育现状调查与成因分析》，《新西部》2012 年第 18 期。

自筹资金 70 多万元用于实训设备改造和购置。又如，2010 年德江县政府在城南新区划拨 330 亩土地作为职校新校址建设用地，将县职校实施整体搬迁，并先后从省教育厅争取 600 多万元用于县职校建设实训室；2011 年，县政府又拨款 100 万元用于县职校购置图书、添置设备及校舍维修。目前，德江、碧江、石阡、思南、印江等县（区）中等职业学校都在抓紧实施新校区建设。

其二，校企合作取得良好成效。校企合作、工学结合是职业教育的特色。近年来，各县（区）职校在该方面进行了积极探索，成效良好。例如，玉屏职校依托其重点专业，主动与必登高鞋业皮具有限公司、雅鹿集团共建实训车间，推进校企双元融合。特别是石阡县职校，其专业主要采取与职业院校、合作企业进行联合办学，效果比较好。其中，服装制作专业与成业针织厂联办，汽车驾驶与维修与贵州机械工业学校联办，电子电器与维修与广东启盈电子厂联办，医学护理与铜仁职业技术学院联办，幼师与深圳特蕾新国际幼教师集团联办，并建立了以县人民医院为中心的医学护理实训基地、以成业针织厂为依托的针织缝纫基地、以龙塘镇大屯村茶场和新华茶场为主阵地的与南天公司合作建立的茶叶生产与加工实训基地，和以石阡县退伍军人汽车修理厂为主的汽车应用与维修专业教学实习实训基地。

其三，师资培训力度加大，但教师质量仍难以满足教学需要。近三年来，各校明显加大了师资培训力度，绝大多数教师都接受了不少于两次的培训。一些学校通过多种方式充实壮大了教师队伍。例如，德江县中等职业学校每年选送 5—8 名骨干教师分赴上海、重庆等联办学校学习培训。同时邀请重庆、贵阳等地职业技术学校骨干教师、教授到县授课。两年来，采取公开招考的形式，招考了四十多名专业技能强的教师充实到县职校教师队伍中，2014 年计划再次公开招考 20 名专业教师。印江县现有职业教育学校两所（县中等职业学校和新寨乡农业中学），教职工 62 人，其中已有获本科学历 45 人，高级教师 13 人，一级教师 15 人，省级骨干教师 1 人，市级骨干教师 2 人，市职业教育专家组成员 3 人。

师资队伍的建设，是专业建设和设置的先决条件，关系职业教育发展目标实现的程度，关系学校能否适应市场需求而设置专业。从事职业教育的教师不仅要有扎实的专业知识，还要有过硬的操作技能和丰富的实践经验。县中职学校面临的问题主要有四个方面：一是过去招聘的老教师第一学历较低，学习能力有限，难以紧跟知识更新换代的速度。以江口县中等职业学校为例，44 名公办教师的第一学历情况如下：本科 11 人，专科 10 人，中师（含高中）21 人，初中 2 人。虽然许多教师通过进修拿到了大专或者本科学历，但实际文化知识水平不能与毕业不久的全日制大专或本科生相比。二是新招聘的教师，从学校到学校，没有实际操作或从业经验。三是近几年市场专业需求变化较快，许多教师面临所教专业与所学不相关的问题。四是部分民办教师的编制问题还没有得到解决。再加上近几年，职业技术学校普遍受到轻视，招生连年下滑的因素，很难吸引到优秀的师资。袁黔华也谈到，贵州民族地区农村职业教育中，专业课教师严重缺乏，教师结构极不合理，教学水平、动手能力与要求差距较大，培养体系薄弱等。因此，可以说相当一部分教师在具体教学过程中，理论偏多，实践不足；缺乏应有的针对性和专业性，无法有效回应市场新信息，不能满足教学的需要。

其四，专业数量得到控制，但特色不明显，重复性建设问题严重。在本次对专业数量调研的结果看，各县（区）中职学校已经对过去少则十个、多则二十多个专业的局面进行了控制，削减了生源过少、与当地经济社会发展关系不大的部分专业，专业数量基本控制在5—10 个之间，利于资源整合和优化。

与此同时，专业设置相同，重复性建设、专业缺乏地方特色的问题依然存在。例如：印江县中职学校开设有茶叶栽培与加工等专业，江口县中职学校开设有旅游管理、电子电器应用与维修、汽车维护与修理、茶叶加工与生产、护理等专业。石阡县中等职业学校也有茶叶生产与加工、旅游管理等专业，沿河县中等职业学校开设有汽车运用与维修、服装设计与工艺术、计算机及应用、电子电器应用与维修、旅游服务与管理、酒店服务与管理6个专业，万山区中等职业学校也开设有汽车应用与维修、服装设计与工艺、美容美发与形象设计、工程机械应用与维修、农村医学、护理专业，玉屏县中等职业学校还开设有电子电器应用与维修、数控技术应用、服装设计与工艺、汽车运用与维修等专业，松桃县中职学校也有服装设计与工艺、旅游管理等专业。另外，在与松桃县政府职能部门座谈时，文广局负责人谈到，虽然多个学校开设了旅游相关专业，但真正了解铜仁旅游资源、能为游客清楚讲解梵净山文化特别是梵净佛教文化的导游并不多。

可见，旅游管理、茶叶加工与生产、服装设计与工艺、电子电器应用与维修、数控技术应用、汽车运用与维修几个专业在多个县（区）职校中重复开设；各县经济发展的重点和特色各不相同，但各县（区）中职学校在服务地方经济方面没有紧贴地方特色、优势产业进行专业建设；课程内容上没有与地方实际很好地结合。

其五，招生依然困难，生源数量不足、质量较差。调研中，各县（区）中职学校普遍反映，生源问题依然艰巨。现在，中职学校的学生通常是没有考上普通高中的初中毕业生。他们或者学习态度不端正，或者有诸多不良习惯。总的说来，学业成绩较差、综合素质偏低，在初中班级里属于"后进生"。

如何提高中职教育的社会声誉、改善中职学校的办学条件、提升中职学生的社会地位、改善就业待遇和一些不合理的用工要求等，都是进一步增加中职教育吸引力有待思考和解决的问题。

（二）铜仁市职业教育发展现存问题的原因分析

与全国大部分情况相似，铜仁各县（区）的职业教育经历了20世纪八九十年代的大繁荣后逐步走向衰落，近些年来举步维艰。原因错综复杂，多种因素交互影响。现试将其归纳如下：

其一，读书无用论在劳务输出地的风行剥夺了大量中职生源。我国文化素有学而优则仕的倾向，高等教育十年扩张，让许许多多农村孩子看到了进入高等学府的希望，高等教育的诱惑力进一步扩大。高等教育扩张的初期，主要是普通高等教育的蓬勃发展，培养方向是理论型、研究型人才，即延续着读书出来做研究、当公务员及"重仕轻工"的思想传统。但是，随着扩招的进行，大学生就业的形势不断恶化，许多毕业生找不到工作，社会上又兴起了一股"读书无用论"。因此，对于成绩不好、上大学没有希望的这部分学生而言，到大城市打工，也是一条自我实现、带领家庭脱贫的不错选择。我国城镇化的快速发展阶段几乎与高等教育的快速发展同步进行。城市化快速过程中，第二、第三产业的用工需求急剧扩大，加上城乡差距也急剧扩大，城市的诱惑力进一步提升，不断吸纳渴望到大城市淘金的年轻人。铜仁市位于黔东北部，工业欠发达，城市化水平较低，是贵州境内极具代表性的以农牧业生产为主的中小城市。这里的农村，贫困是很多家庭面临的现实问题。一批批农民由外出打工带动家庭摆脱了贫困，此类现象也潜移默化地影响着年轻人。因此，初中毕业时，在铜仁，特别是农村地区，学业成绩中等以上的大多数学生进入了普通高中，成绩中等以下的部分学生中有许多都愿意直接进城打工。可以说，作为劳务输出地的西部小城铜仁，中职生源数量少、质量差。

其二，基础薄弱使职业技术学校难以迅速走出不良循环。公立教育的发展主要依靠国家的政策导向和地方的财政拨款。由于国家近二十年来对高等教育发展的政策倾斜，极大影响了省、地对中职教育的投入，造成各县（区）中职学校基础建设十分薄弱。和震在《我国职业教育政策三十年回顾》中将1997年至2001年列为职业教育的滑坡阶段。首先，投入不足，基础建设就跟不上、师资力量也相对下降，紧接着，教育质量下降，就业质量也会下降。进而，中职教育的吸引力减弱，就出现生源数量质量下降等问题。其次，生源不良，教育质量相对不高，毕业生质量就不高，反过来又影响了中职教育的社会声誉，吸引力又受到削弱，生源问题更加严重。再次，学费是学校收入的重要来源，师资是教育质量的保证，生源问题直接影响了教师的收入，也影响了当地政府对职业教育投入的积极性。总之，从政策转向开始，投入减少，各项力量减弱，多种不利因素交互影响，虽然近几年来投入有所增大，但由于长期以来基础薄弱，各县（区）职业技术学校很难迅速走出不良循环。

其三，资源需要在各大范围内根据地方产业特色优势重新统筹规划。由于体制局限和信息交流不畅的原因，各县（区）中职学校在专业设置上存在很大的重复性，需要更高一层管理机构在更大范围内根据当地产业的特色优势进行重新规划。专业设置的必要性一般从两个方面考虑：一是当地产业发展的需求热度；二是当地及周围区域的群众对某专业的需求热度。各县（区）中职学校归当地教育局直接管理，不论是中职学校、教育局都由于体制和信息的局限，只能了解本县的产业发展需求和群众对某专业的需求热度，很难站在更高的角度去思考和布局专业。铜仁有自身独特的产业发展优势，比如茶叶生产与加工产业、文化旅游产业等。但这个自身优势是相对于其他省市而言，是铜仁内部各县（区）的产业优势的一般性概括。就各县（区）

自身的产业发展优势而言，应当是在一般性的基础上寻找特殊性。县（区）职业教育、学校规模十分有限，要围绕地方产业办学，也就是要围绕铜仁优势产业这个一般性中的县域特殊性来设置专业。比如，旅游专业在铜仁市的范围内十分需要，具体到县（区），最需要的应当数江口县，因为梵净山旅游资源主要在江口；茶叶生产与加工专业是铜仁普遍需要的专业，但最需要的，是印江县和石阡县。简言之，避免专业设置重复，需要各县（区）政府、教育局、中职学校在培养人才上既要自力更生，又要为我所用，清楚本县（区）最需要、最有能力培养什么专业的毕业生；需要更高一层管理机构在更大范围内根据当地产业的特色优势对各职业技术学校的专业重新规划布点。

其四，投入规模有限成为阻碍专业进一步建设发展的核心问题。办学水平、教学质量的提高都需要依托专业建设落在实处。专业要建设，就要投入，要培养师资、购买实训设备等。各县（区）中职学校资源有限，很多学校没有找准应当重点投入建设的专业，常常是一碗水端平，对各专业的总投入保持均衡。结果，每个专业都"饿不死"也"强不了"，办学水平难以提高。在一所学校内，要壮大某个专业，必然就会相对缩小或砍掉其他专业。原专业的教师面临转型，需要重新学习和培训，专业带头人的待遇需要重新拟定，实训设备面临搁置废弃等等问题。在投入一定的情况下，由于专业建设缺乏在全市范围内的资源统筹规划，各校难于单独行动，不敢轻易削减专业，难以集中优势资源打造某一个或几个特色优势专业，专业建设的规模上不去成为办学受阻的核心问题。

另外，由于国家还没有建立系统的职业教育体系，完善中职教育与高等教育、职业教育与普通教育的衔接等，个体接受职业教育需要付出丧失进一步深造机会的成本。大部分中职毕业生面临学历进一步提升的困难，使中职教育走向死胡同。即在学历不断贬值，不再是用人单位招聘唯一标准的当下，职业技术学校的学生还得不到那块进入竞争市场的"敲门砖"，严重影响其前途和发展，造成职业教育的吸引力始终不足。

三、铜仁职业教育集团组建的背景

教育部 2011 年出台的《关于推进中等和高等职业教育协调发展的指导意见》（教职成〔2011〕号）明确提出了引导和鼓励中等和高等职业技术学校创新集团化职业教育发展模式，积极发挥职业教育集团的平台作用，实现不同区域、不同层次职业教育协调发展。同时，《国家中长期教育改革和发展规划纲要（2010—2020 年)》和《教育部关于推进中等和高等职业教育协调发展的指导意见》以及《教育部关于推进高等职业教育改革创新引领职业教育科学发展的若干意见》等文件明确提出了高职教育要引领职业教育科学发展，共同构建现代职业教育体系。之后，各地高职专科院校及相关机构掀起了走集团化发展、高职引领中职发展等模式的热潮，纷纷在理论上和改革实践中进行了大胆探索。

随着贵州省"两加一推"主基调和"三化同步"战略以及铜仁市构建"两带两圈"产业体系和"六个新跨越"战略的实施，一方面，社会迫切需要职业院校培养更多的高素质技能型人才，为省、市经济社会发展提供人才支撑；另一方面，铜仁各县（区）职业教育资源匮乏、专业设置重复、招生工作困难等一系列问题十分突出。为深入贯彻落实《教育部关于推进中等和高等职业教育协调发展的指导意见》等一系列职教文件精神，全面了解铜仁市各县（区）的职业教育发展情况，特别是重点了解各职业学校的发展现状、产业背景及发展思考，加速推进本市职教改革进程，2012 年，铜仁市人民政府组织成立了以时任副市长李树新为组长、铜仁职业技术学院时任院长侯长林和市教育局时任局长冉贵生为副组长的调研工作领导小组，并从市教育局、铜仁产业发展中心、铜仁职业技术学院抽调相关人员组成5个调研组，每组5—7人，围绕各县（区）职业教育、产业状况及专业人才需求，依据调研工作方案，集中于3月5—10日分赴铜仁市八县两区开展了深入调研，形成了《铜仁市职业教育发展调研报告》，为下一步合理设置专业、整合地方优势职教资源，走集团化发展道路进行探索。

通过调研发现，各县（区）中职学校存在的问题有，基础设施建设有一定改善但远落后于普通高中，部分专业校企合作成效良好但工学结合课程欠完善，教师质量难以满足教学需要，专业数量虽得到控制但特色不明显，重复性建设问题严重等，尤其是各县中职学校普遍招生比较困难。于是，在铜仁市出现了两个极端：一方面，铜仁职业技术学院由于是国家骨干高职院校，生源特别好，但是办学资源有限，每年只能招收3500名左右的学生。铜仁职业技术学院领办的铜仁市中等职业学校因为教学资源缺乏，原已有两年时间没有在学校本部招收学生，2009年拟招收50名护理专业的学生，竟然有700多人报考，学校只好把学生放到部分县（区）的中职学校去，与其联合办学。另一方面，铜仁市各县（区）中职学校除思南县中职学校有2000名左右的学生规模外，其他办学规模都很小，招生非常困难，并且中途流失特别严重。如德江县中职学校在2011年招收了280多名学生，但是不到半年就流失得只有几十个。

面对以上情况，在铜仁市政府的积极支持下，2012年6月铜仁职业技术学院组建了由本院牵头、各县（区）中职学校参加的铜仁市职业教育集团学校。后经两次现场调研、发函书面征求社会各方面意见，形成了《铜仁职业教育集团学校发展实施方案》，即以有示范引领能力的高职专科院校为龙头，整合区域内的中职学校，建立调研机制，找准中职学校的优劣势，以专业建设和课程改革为突破口，建立相关的师资培训制度、顾问指导制度、考核评价制度、专业申报制度、资源共享制度等，有效实现中职学校办学能力的提升。经审议通过后，该方案由铜仁市人民政府于2012年6月正式行文下发，即《铜仁市人民政府关于印发铜仁职业教育集团学校发展实施方案的通知》（铜府发〔2012〕27号）。2012年8月，铜仁职业教育集团学校正式挂牌成立。

四、铜仁职业教育集团组建的路径

（一）牵头机构及构成主体

铜仁职业教育集团学校实行市委、市政府统一领导，各县（区）党委、政府与铜仁职业技术学院共建共管的管理体制。为此，市政府成立了由市长任组长、常务副市长和分管副市长任副组长，市政府办公室、市教育局、铜仁职业技术学院和其他相关部门以及各县（区）政府领导为成员的铜仁职业教育集团学校发展工作领导小组，负责统一领导和组织实施。铜仁职业教育集团学校的构成主体包括：

其一，铜仁职业技术学院。该院在2010年成为国家骨干高职专科院校首批立项建设单位，是贵州高职专科院校中进入"国家示范性高等职业院校建设计划"的两所院校之一。

其二，铜仁市中等职业学校。该校是2010年在铜仁职业技术学院中专部的基础上升格组建的一所市级全日制公办中等职业学校，其前身是铜仁职业技术学院中专部，2011年获批成为"国家中等职业教育改革发展示范学校建设计划"立项建设学校。

其三，其他独立建制的中等职业学校 14 所（含民办 3 所），分布于各县（区）。每县（区）至少有 1 所独立设置的公办中职学校，个别县（区）有 2 所。

（二）运行机制

其一，行政管理方面，各县（区）中职学校在保留原有职校牌子的基础上，2012 年全部加挂铜仁职业技术学院分校的牌子，实行两块牌子，一套人马，学校的产权隶属关系不变；各县（区）政府按照分级负责的原则，全面负责落实所辖各中职学校的基础设施建设和办学经费；当分校各项办学指标达到规定标准后，可向铜仁职业技术学院申请，升格为副县级规格，由铜仁职业技术学院评估合格后报市委、市政府审批；各中职学校若达到二级分院的办学标准，可申请成立铜仁职业技术学院二级分院；各中职学校科级干部以县（区）为主，协商铜仁职业技术学院同意后，进行考察任免；各分校负责人分别由各中职学校负责人兼任，由铜仁职业技术学院行文；分校教职工津贴可参照铜仁职业技术学院院内津贴标准执行。

其二，业务指导方面，铜仁职业教育集团学校内的教学等业务管理在铜仁职业技术学院的指导下，由各中职学校（分校）负责完成。

（1）专业建设：由铜仁职业技术学院围绕人才需求和各县（区）职业教育办学条件，对各县（区）职业教育办学规模、办学层次、专业设置等方面进行统一规划、科学布局，指导各县在办好现有优势专业的基础上与其共建品牌专业。另外，组织制定统一的专业建设标准、人才培养方案、课程标准等，各中职学校（分校）严格按照审定的教育教学管理规定组织实施，确保人才培养质量。

（2）招生宣传：各县（区）中职学校（分校）可保留自身部分专

业进行招生办学，分别发放各县（区）中职学校的毕业证书。集团学校指导的各专业，要以铜仁职业技术学院分校的名义，按照统一确定的招生计划进行宣传，毕业后统一发放铜仁职业技术学院的毕业证书。例如电子与信息技术就是思南职校的集团学校指导专业，2012年的计划招生人数是 200 人。除此专业外，该校还有服装设计与工艺等近 10 个自办专业。

（3）师资建设：由铜仁职业技术学院指导各县（区）中职学校（分校）制定师资队伍建设规划，新进教师方案由铜仁职业技术学院负责审核，各县（区）按要求组织实施。师资培训由铜仁职业技术学院统一组织进行。

（三）具体路径

在市政府和市教育局的支持下，铜仁职业教育集团学校如期正式挂牌成立，各县（区）中等职业学校挂牌成为铜仁职业技术学院分校，并在 2012 年年底，铜仁职业技术学院经与铜仁市委组织部、各县（区）委组织部协调，完成了对集团学校各分校校长的任命工作。以下是铜仁职业技术学院以高职引领中职，走职业教育集团式发展道路的具体做法：

其一，合理布局专业。据前期调研反映，多个县（区）职校重复开设旅游管理、茶叶加工与生产、服装设计与工艺、电子电器应用与维修、数控技术应用、汽车运用与维修等专业，专业设置缺乏地方特色的问题十分突出。针对这一问题，需找准各县（区）产业发展的特色，然后根据各自的特色设置专业，以达到合理配置资源的目的。因此，铜仁职业技术学院与各县（区）政府、教育行政主管部门和各中职学校多次召开专题会，通过各分校申报、铜仁职业技术学院调研、院校集中讨论等形式，对全市职业教育的专业设置进行统一规划布局，确定了铜仁职业教育集团学校招生计划。比如，旅游专业在铜仁市的范围内都十分需要，但具体到县（区），最需要的应当数江口县，因为梵净山旅游资源主要在江口；茶叶生产与加工专业最需要的，是印江县和石阡县，因茶叶生产与加工是两县的主导产业之一；在玉屏职校中设置数控技术应用、汽车运用与维修等专业，是因为铜仁市近年来提出建设"两圈两带"，规划构建碧江—玉屏循环工业经济产业带。

其二，稳步引导特色发展方向。对于各分校的改革只能是先引导，然后稳步推进。各分校领导头上有完成招生人数指标的任务，教师有自己专业发展的方向，若硬性要求立即砍掉重复的专业，必然引起多方面的反抗。在各分校走特色专业发展之路过程中，采用了计划指导专业和自主招生专业的双轨制，即分校中符合地方产业发展特色或需求量较大的专业经铜仁职业技术学院评审后才能以集团学校名义进行统一招生宣传，学生毕业时获得铜仁职业技术学院分校的毕业证书；其余专业均为分校的自主专业，不能纳入集团学校统一宣传的招生计划中。铜仁职业技术学院也将更加有侧重点地对前类专业进行指导和管理，故称之为计划指导专业。对于分校而言，自主专业可将计划指导专业作为示范专业进行模仿学习，并同时加大对计划指导类专业的投入和外部宣传。然后，在基本保证招生任务完成情况下，逐步缩减个别自主专业。

其三，利用假期集体培训骨干教师。各县（区）职业教育的落后，不仅仅是在硬件设施上，还体现在职教观念上。考虑交通和时间等问题，铜仁职业技术学院主要利用寒暑长假等休息日对各分校骨干教师进行集中培训。2012 年是集团学校成立的第一年，铜仁职业技术学院于 7 月 10—12 日主办了铜仁市首期职业教育师资培训班，邀请贵州省教育厅职成教处调研员胡晓、铜仁职业技术学院院长侯长林教授等专家学者对全市各县（区）中等职业学校中层以上领导及专业主任进行培训，以革新各分校的教育理念，提高办学水平；12 月 6 日，在思南召开铜仁职业教育集团学校教学工作会议，对各分校校长、教务主任、专业主任进行人才培养方案编制的培训。

其四，组织召开分校校长联席会议。分校校长联席会议是在市政府支持和铜仁职业技术学院指导下的不具备法人资格的松散组织。联席会议主要发挥三方面的功能：一是研究讨论，研究省内外职业教育的相关重点、热点问题以及各校在改革中共有的难题；二是实践示范，在铜仁职业教育集团建设计划的指导下，各联席会议成员单位努力树立自己的品牌形象，积极改革实践与探索，推动铜仁中职教育在体制、制度和特色上的创新及教育质量的提高；三是交流宣传，各成员单位将改革与探索的经验相互分享，增进相互间的学习交流和合作。铜仁职业教育集团学校成立以来，分别于 2012 年 9 月和 2013 年 3 月共召开两届集团学校分校校长联席会议。在第一届会议上，成立了以铜仁职业技术学院院长侯长林教授为组长，15 名专家为顾问的分校办学顾问组；依据每所分校的特色和建设的重点专业，配 1 名到 2 名顾问，顾问基本上都是铜仁职业技术学院相关专业的学术带头人。

其五，营造鼓励先进、树立典型的良好环境，组织各分校开展评优活动，评选并表彰集团学校年度先进教师（教育工作者），以调动分校教职工的工作积极性，增加对集团学校的认同感。

其六，组织专家顾问分别到各分校开展调研指导工作。

五、铜仁职业教育集团的初步成效

在 2012 年的全省教育工作会议上，时任副省长刘晓凯明确提出：

"铜仁职业技术学院要在全省职业教育改革上进一步发挥示范和引领作用，先行先试，积极推动职业教育集团化发展，省政府将在政策上给予支持。"之后，省教育厅霍健康厅长在铜仁市调研时，对集团学校的组建高度关切。与此同时，市委、市政府也将铜仁职业教育集团化发展工作作为2012年市委、市政府教育工作的一件大事来抓。可以说，在各级政府的支持下，铜仁职业教育集团学校通过勇敢探索、艰苦奋斗取得了较为明显的初步成效。

其一，职业教育得到了政府的高度重视和肯定。铜仁职业教育集团学校初步形成了政府主导、行业（企业）参与办学的良好发展格局，社会影响较大。教育部刘利民副部长在听取集团学校的工作汇报后，十分肯定。他认为集团学校的模式非常好，值得推广。2013年1月9日，在铜仁市第一届人民代表大会第二次会议上夏庆丰市长所作的《政府工作报告》中回顾2012年工作部分，铜仁职业技术学院的"职业教育集团化办学"被列入成绩；在展望2013年工作部分，"中职教育园区建设"被列入规划。部分兄弟院校如：贵州职院、贵阳职院、遵义职院、毕节职院多次到铜仁职业技术学院学习集团学校的办学经验，甚至部分省外院校要求加入集团学校。

从集团学校组建的前期调研到分校挂牌仪式的各个重要环节，市政府、各县（区）政府都给予高度重视，如下发《铜仁市人民政府关于印发铜仁职业教育集团学校发展实施方案的通知》（铜府发〔2012〕27号），各县（区）政府领导亲自安排招生（印江县）、参与专业委员会的建设（沿河县）、重视"9＋3"计划实施。各县（区）电视台也作了新闻跟踪报道，充分体现了政府领导对职业教育重视程度的提高，在当地民众中引起了较大反响。

目前，德江县、碧江区、石阡县、思南县、印江县等职业学校都在抓紧实施新校区建设，各县（区）职校在校生规模已达万余人。

由铜仁市政协陈达新主席任组长、周建英副主席任副组长的调研组于2013 年 7 月 18 日提交的《关于铜仁市职业教育发展的调研报告》显示：铜仁市"党政重视，发展环境逐步改善。一是成立由政府主要领导担任组长的'9＋3'工作领导机构，加强对实施三年免费中职教育计划的统筹领导；二是出台了《关于贯彻落实教育'9＋3'计划的实施意见》、《铜仁市职业教育百校大战规划》；三是围绕发展中职教育，各级各部门层层签订'双线'目标责任书和'七长'责任状 [县长、教育局长、乡（镇）长、村长、校长、家长、师长]，层层落实责任；四是经费投入加大。五年来，全市共争取国家和省补贴职业教育项目25 个、资金 3.8 亿元，市级财政性投入 3.13 亿元。10 个县（区）都加大了经费投入，如石阡、德江、松桃等县分别计划投入近 3 亿资金扩建职校，印江、玉屏等县免除中职生学杂费外，还免除书本费、住宿费"。

其二，中职学校招生人数整体增加。2012 年 9 月，铜仁职业教育集团学校首次招生，而集团学校从最初设想到挂牌成立仅有半年时间。在时间较为仓促，宣传力度有限的情况下，各县（区）中职学校即铜仁职业教育集团学校成员单位的中职招生总量比上年净增1632 名，当年招生指标完成率比上年增加 20 个百分点。《铜仁职业教育集团学校各分校 2011 年与 2012 年招生情况比较表》（见本章末）将 2011 年各中职学校的计划招生数、实际招生数以及计划完成率与 2012 年进行了比较，其中大部分学校的实际招生数与计划完成率高于 2011 年。其中，人数增加较为突出的有：碧江职校从 2011 年的 108 人增加到 2012 年的 522 人，计划完成率从 2011 年 27% 增加到 2012 年的 104.4%；松桃职校在过去的几年中招生情况十分不乐观，但截至 9 月 10 日，招生人数由 2011 年同期的 231 人增至 521 人，计划完成率从 2011 年的 28.88% 增加到 2012 年 102.4%；思南职校从

2011 年的 996 人增加到 2012 年的 1342 人，计划完成率从 2011 年的 60% 增加到 2012 年的 89.47%；沿河职校从 2011 年的 138 人增加到 400 人，计划完成率从 2011 年的 34.5% 增加到 2012 年的 100%；沿河卫职校、松桃卫职校 2011 年未招生，2012 年学生数也分别有 55 人和 198 人。

同时，该表中还列出了铜仁职业教育集团学校计划指导专业的计划招生数、入学人数以及计划完成率。6 所学校的集团学校指导专业计划完成率在 60%。部分学校的计划完成率较低也与当地民众盲目追逐所谓热门专业，对有潜力的特色专业不了解，集团宣传时间不足，个别学校校舍条件不足以及该表对实际招生人数的统计截止到 2012 年 9 月底有一定关系。例如，由于碧江职校位于铜仁中心城区的地理优势及专业优势，在前期预报名时有 800 多人登记，但由于校舍及办学条件等硬件及软件的不足，不得不在 8 月 20 日截止报名，并制定了相关的方案确保 2012 年新生入学工作的顺利开展。截至 2012 年 9 月 10 日，招生人数由 2011 年同期的 108 人增至 522 人。从某种程度上说，招生人数的迅速增加也是由于铜仁职业技术学院国家骨干高职专科院校的品牌效应在招生工作中得到了体现。

其三，中职学校办学质量明显提升。打铁还要自身硬，中职学校要想在招生大战中站稳脚跟，抵御来自各方的风浪，绝非抓好招生这一表面功夫这么简单，最重要的是要练好内功，靠实力去吸引学生。各县（区）中职学校招生困难与自身办学理念落后、教学质量差不无关系。许多职校只为完成招生计划，无暇顾及专业如何建设和师资如何培训，教学安排随意、混乱，学生流失严重。集团学校成立后，铜仁职业技术学院多次主办培训会，邀请省教育厅领导、铜仁职业技术学院专家学者对各分校校长、中层以上干部开展职业教育的办学理念、专业建设和课程建设、校园文化等方面的培训，帮助各分校提升办学质量。培训后，各分校领导与教师普遍感到受益匪浅，对自己的工作有指导意义，更加愿意接受高职专科院校的引领。例如在2012年的铜仁职业教育集团学校教学工作会议上，针对专业建设中如何制定、解读人才培养方案的问题，铜仁职业技术学院教务处副处长徐友英、护理专业主任陈小红、计算机应用专业主任何邦财分别以讲座的形式对分校领导及部分教师进行培训。会议要求从下一年度开始，各分校所有招生专业必须提前拿出人才培养方案，审定通过后，才可进行招生宣传。

其四，中职学校办学特色初显，服务地方经济发展的能力增强。成立铜仁职业教育集团学校的初衷和主要目的就是整合优化铜仁各县（区）有限的中职教育资源，对专业进行合理规划、统一布局，围绕当地经济发展的侧重点，建设有特色的中职学校，使"职业教育服务地方经济"这句口号落在实处，发挥职业教育在产业转化升级中的智力支撑作用。市政府及相关部门与铜仁职业技术学院领导组成的调研组通过实地考察、座谈讨论，着眼于本区域经济发展特色，按照地方产业发展需求和已有的专业优势，来设置专业和扩大规模，并通过铜仁职业技术学院的引领以"集团学校计划指导专业"作为着力点，逐步加强专业建设，做强做大特色专业，同时确定了各分校的办学发展方向，坚决避免出现类似于20世纪90年代出现的，一谈大力发展工业经济就"村村办厂，户户冒烟"，最后造成资源浪费和环境污染，又回过头来关停治理的不好局面。因此，对于当前各分校的专业发展规划，职业教集团学校坚决立足实际，突出特色。例如，在集团化推进的变革过程中，针对某分校校长曾提出的办综合性中专的想法，铜仁职业技术学院院长侯长林教授解释并建议：有重点专业才会有自己的品牌，才会有生源，希望该分校能从地方特色、地方需求、坚持以为地方服务的理念找到属于自己的重点专业，以前求多求全的老路已经被证明是走不通的；专业建设引领一个学校的发展方向，没有特色专业的学校，终将难以生存；专业设置中的特色一定是体现了区域经济的特色和自己的优势。在名称上，集团学校对各分校也做了相应的调整。例如，玉屏职校改为黔东工业学校，思南职校改为黔东电子信息技术学校，印江职校改为印江茶业学校，石阡职校改为黔东营养健康学校，江口职校改为梵净山旅游学校，更加突出了区域经济的特色以及专业设置的方向，同时也为铜仁职业技术学院将二级分院办到各县（区）作了前期的准备。

由铜仁市政协陈达新主席任组长、周建英副主席任副组长的调研组于 2013 年 7 月 18 日提交的《关于铜仁市职业教育发展的调研报告》显示：铜仁市的职业教育"注重特色，品牌建设初显成效。一是创建品牌院校。铜仁职院创建国家骨干高职院校已顺利通过省级验收，走在了全省高职院校前列；碧江区等 2 所职校被列为国家级中职教育改革发展示范建设学校，思南县职校已建成为国家级重点中职学校，玉屏、德江等 4 县职校已建成省级重点中职学校。二是打造品牌专业。药物制剂、畜牧兽医、茶叶生产等 6 个专业成为中央财政扶持专业，电子技术应用、汽车运用与维修 3 个专业成为省财政重点扶持专业。石阡、玉屏、沿河等区县结合当地产业，分别开设营养健康、箫笛制作、现代农艺等特色专业。三是设置精品课程。已建成国家级精品课程 1 门、省级精品课程 8 门、市级精品课程 46 门，开发本土化课程 111 门等"。

其五，办学形式朝多元化方向发展。上述《关于铜仁市职业教育发展的调研报告》还显示：铜仁市"积极探索，办学形式多样化。一是实行集团化办学。组建以铜仁职院为龙头，各区县中职学校共同发展的铜仁职业教育集团学校，高职引领中职发展。二是校校联合办学。铜仁职院、碧江区职校、江口县职校等与中国农业大学、贵州大学等省内外二十多所高校开展联合办学。三是校企合作办学。铜仁市职校与省内外数十家企业建立校企合作关系，如思南、玉屏、万山等中职学校把广东必登高、江苏雅鹿等企业办到校园，把车间办进学校，校企实现了双赢"。

六、铜仁职业教育集团的基本经验

铜仁职业教育集团学校的组建，最初源于铜仁职业技术学院踮起脚尖站在全市职业教育发展大局的高度，通过对全市中职教育资源信息和问题的收集，想出了统筹规划、发挥区位优势，使职教资源达到最优配置，解决当前各县（区）中职学校专业重复严重、缺乏特色、争夺生源等问题的一条职教发展思路。同时，在实践中不断总结出高职引领中职——走集团式发展道路的基本经验。

其一，集团学校发展的愿景符合各方成员的长期和根本利益。首先，铜仁职业技术学院愿意在这一场改革中最大限度地发挥自身的能量，践行教育部提出的"高职引领中职"的发展模式，并率先描绘出了一幅美好的愿景，这幅愿景符合各县（区）中职学校的长期和根本利益，使各分校以及当地教育主管部门自觉自愿地加入到这场宏伟的改革中。

铜仁职业教育集团学校发展的愿景可以概括为：通过集团化办学，实现铜仁职业教育资源的优化配置，最大限度地提高铜仁市职业教育尤其是中等职业教育的运行质量和办学效益；使铜仁以及贵州的农民孩子共享良好的教育资源，促进社会公平；在国家相关政策的支持下，在集团化办学、高职引领中职等职教发展模式中进行有益探索，走出一条"以高职为头、中职为群、以一带多"的道路，充分发挥国家骨干高职专科院校的示范作用；力争通过3—5年的努力，打造一批紧贴地方经济社会发展、特色与吸引力兼具的中职品牌专业，使各县（区）中职学校处于良性发展与竞争的环境中，为区域经济社会发展提供有力的人才支撑，在铜仁城镇化进程、新农村建设的历史大潮中写下重彩的一笔；同时，将铜仁职业技术学院二级分院分期分批办到各县（区），将政府、行业相关资源整合进职业教育集团学校，构建政校企相生相伴、共生共荣的紧密对接机制，促进职业教育与地方经济社会发展的深度融合，在国家层面做强做亮具有西部地区特色的职业教育集团学校。

在这幅愿景下，高职院校展示了在区域内作为职业教育领头羊的巨大实力，极大地增强了自身的社会影响力；周边的中职学校虽然短期内由于专业减少而生存困难，但最终将拥有支撑本校发展的具有区位优势的特色品牌专业，摆脱与同层次职校的生源大战。同时，借助高职院校的资源平台，使整体办学实力上一台阶；当地政府的教育主管部门也向社会交上了较为满意的成绩单，在推动职教事业发展方面作出了政绩。简言之，铜仁职业教育集团学校首先拥有能够激励内部各方挽起手来投身改革、共同奋进的美好愿景。

其二，牵头的高职院校实力雄厚并仅有一所。铜仁职业技术学院作为铜仁职业教育集团学校中唯一牵头的高职院校，截至2013年，有全日制在校学生约11500人，生源遍及全国26个省市自治区和老挝、印尼、越南、喀麦隆、叙利亚、尼泊尔6个国家；教职工696人，有正高职称教师40人，副高职称教师143人，博士16人、硕士214人，双师素质教师人341人；有省管专家1人，市管专家6人；12个二级办学分院，开设有43个高职专业，打造了药物制剂技术、畜牧兽医、设施农业技术、茶叶生产加工技术、医学检验技术、水利水电建筑工程、计算机应用技术（计算机网络）、护理、针灸推拿、旅游服务与管理、会计电算化11个国家级重点专业。铜仁职业技术学院在 2013 年首届"中国职业教育百强"评选中，跻身全国高职 25 强；同年 11 月，以优秀等次通过教育部、财政部"国家示范性高等职业院校建设计划"骨干高职院校建设项目验收。可以说，铜仁职业技术学院办学实力雄厚、办学理念先进、经验丰富，完全具备引领各县（区）中集团分校的能力，可以作为各分校在发展职业教育方面的榜样。

　　一所实力强大的高职引领多所实力较弱的中职，集团内这种"一强多弱"实力的格局，保证了各中职学校对处引领地位的高职院校的向心力，便于高职院校作出统一协调的规划，避免了"多头引领"所带来的引导尺度不一、步调不一、沟通任务繁重及管理混乱等问题。例如，在对中职学校整合专业、统筹资源的过程中，存在大量的沟通与协调任务。铜仁职业技术学院从大局出发，根据各分校的专业区位优势以及办学方向等因素，与各校分别商定重点发展的专业即"规划专业"，然后结合本院内这些专业的办学经验，对其进行重点引导，作出统一的专业管理要求等。从中职学校的角度讲，这样避免了接受多头引领、引领尺度不一、难以适从等问题的出现；从高职院校角度讲，这样避免了为达到步调一致，两所或多所院校之间所需进行的繁重的协调与沟通任务，也避免了多所院校之间无形中产生的无谓竞争，这种竞争有可能最终致使集团学校偏离最初想要达到的目标。

　　其三，牵头院校内部具有高度的凝聚力和集体奉献精神。铜仁职业教育集团学校中，铜仁职业技术学院作为唯一的高职院校，主动引领各县（区）十余所中职学校，承担着协调组织、交流讨论、培训师资以及资料审定等大量的具体的工作。以下列举一部分：一是制定每年招生计划。在市政府和市教育局的支持下，铜仁职业技术学院与各县（区）政府、教育行政主管部门和各中职学校需多次召开专题会，通过各分校申报、铜仁职业技术学院调研、院校集中讨论等形式，对全市职业教育的专业设置进行统一规划布局，确定了集团学校下一年的招生计划。二是开展职业教育师资培训工作。为提升各县（区）职校的办学水平，提高教育教学质量，2012年7月10—12日，铜仁职业技术学院主办了铜仁市2012年暑期职业教育师资培训班，邀请贵州省教育厅职成教处调研员胡晓、铜仁职业技术学院院长侯长林教授等专家学者对全市各县（区）职业技术学校中层以上领导及专业主任进行了培训，并取得较好效果。三是召开集团学校各分校校长联席会议。2012年9月17日，铜仁职业技术学院召开集团学校各分校校长首次联席会议，成立了以铜仁职业技术学院院长侯长林教授为组长，铜仁市技工学校校长罗刚教授等15名专家为顾问的分校办学顾问组。侯长林院长为分校顾问颁发了聘任证书，并就办学理念、教师及干部队伍建设、专业建设、课程建设、服务地方经济等方面对各分校提出了明确要求。12月，铜仁职业技术学院与铜仁市委组织部、各县（区）委组织部协调，完成了各分校校长的任命工作。四是集团学校开展系列活动。（1）召开教学工作会议。以人才培养方案学习培训为核心，通过专家讲课、分校个案汇报、顾问点评、参观黔东电子信息学校等形式，提高分校对专业建设的认识，特别是侯长林作的题为"中职学校如何发展"的讲话，真正为分校指明了发展方向，效果极好。（2）开展了调研指导工作。铜仁职业技术学院组织专家顾问分别到碧江医护学校、黔东电子信息技术学校、黔东营养健康学校、印江茶业学校、梵净山旅游学校等开展调研指导工作。

集团学校组建之初，铜仁职业技术学院正处于迎接国家高职骨干院校建设验收的关键时期，全院上下已经处于超负荷工作状态。面对引领中职学校的过程中繁重、细碎且没有报酬的大量工作，绝大部分干部与教师坚持埋头苦干，发扬了在集体中奉献个人的高尚风格。之所以如此，是因为铜仁职业技术学院内部具有高度的凝聚力。该院合并组建后的十年时间里，在侯长林院长的带领下，上下一气，怀着不甘落后的紧迫感和责任感，近年来获得了省内乃至全国的多项殊荣。这种艰苦奋斗的精神和集体自豪感形成了铜仁职业技术学院内部的高度凝聚力。在这种凝聚力的影响下，参与铜仁职业教育集团学校工作的干部和教师发挥了积极的奉献精神，以实际、具体的行动支撑着高职引领中职的实践探索。

其四，当地政府的大力支持是各项改革和探索得以顺利开展的强大保障。从集团学校组建前期下各县（区）调查职业教育资源和发展状况，到集团学校组建过程中对前沿政策导向的大胆探索，铜仁职业技术学院通过与铜仁市政府的积极沟通，取得了政府最大限度的支持，为集团学校的组建和发展创造了良好的外部环境。前期，市政府组织成立了以李树新副市长为组长、铜仁职业技术学院院长侯长林和市教育局局长冉贵生为副组长的调研工作领导小组。在赴铜仁市八县两区时调研时，由于获得各县（区）政府和教育局的接待，收集到第一手资料，在此基础上形成的《铜仁市职业教育发展调研报告》才具有很高的参考价值。2012 年 6 月，铜仁市人民政府又正式下发《铜仁市人民政府关于印发铜仁职业教育集团学校发展实施方案的通知》（铜府发〔2012〕27 号），文件在管理体制等多方面明确了各级政府支持职教集团学校的责任和义务以及铜仁职业技术学院对各分校的管理权力，使铜仁职业技术学院从行政层面对集团学校各分校的资源统筹及领导得到有力保障。同时，市政府还出台了《铜仁市职业教育百校大战规划》，并围绕发展中职教育，各级各部门层层签订"双线"目标责任书和"七长"[县长、教育局长、乡（镇）长、村长、校长、家长、师长] 责任状，层层落实责任。这些都对集团学校的发展起到了有效的支持和帮助的作用。另外，集团学校组建以来，得到了省政府以及教育部领导的高度关注和极大肯定，这些都对集团学校的改革与发展起到了积极的推动作用。

七、铜仁职业教育集团现存的问题与挑战

（一）各中职学校发展不平衡

由铜仁市政协陈达新主席任组长、周建英副主席任副组长的调研组于 2013 年 7 月 18 日提交的《关于铜仁市职业教育发展的调研报告》显示：铜仁市职业教育"统筹整合不够，发展不平衡。一是对中职与普高布局发展统筹不够。全市中职学校 16 所、普高 43 所，约 1：2.7，在校生分别为 2.6 万、8.7 万，约 1：3.4，中职与普高发展差距大。二是对中职与高职发展统筹不够。全市中职学校 16 所，高职院校仅 1 所。由于铜仁市职业教育没有系统的发展规划，市里重点支持铜仁职院建设国家级骨干校的同时，而面上对中职学校政策扶持不够，加之在成立铜仁职业技术学院时，撤销了原市属财校、卫校、农校等职校后，市级没有一所市属中职学校，向上对应争取资金链断裂，中职发展滞后。三是对行业部门培训资金统筹不够。行业和部门各自开展职业培训，五年共投入 1.79 亿（2012 年为 4936 万元），与职教发展结合不够，未发挥更好效益。四是区县发展不平衡。如思南、松桃两县同属大县，目前思南县职校在校生规模为 3276 人，松桃县职校生仅 138 人；玉屏县职校有实训基地（车间）33 个，印江、沿河等县职校不足 5 个。五是有的县对职教资源整合不够。如松桃等县有中职学校、卫校、教师进修学校、农广校，职能交叉，资源分散。六是虽然组建了职业教育集团，但因区划、条块和集团松散型性质等因素，未能更好地发挥统筹协调作用"。

（二）部分分校突出本位不听集团指挥

生源意味着效益和生存，迫使职业技术学校从自身的利益和眼前利益出发并采取行动。因此，坚持本位主义不听集团指挥的现象也不足为怪。各县（区）职校每年由当地政府下达招生任务，而学校教师的编制岗位由县（区）财政拨款、校领导由县（区）政府任命，很多时候完成任务就是"无奈之下的硬道理"。因此，各中职学校为了在激烈的竞争中占领市场份额，一方面巧立招生专业名目或学生入学后随意整体更改专业；另一方面本位主义现象日益突出，与集团学校抢生源。在 2012 年 9 月的集团学校招生工作中，部分分校就在宣传集团学校计划指导专业即未来学校发展的特色专业的同时，也把该专业作为自主招生专业，招生班级出现两类，使集团学校计划指导专业的班级招生为数寥寥；还有的分校在实际招生过程中，打乱预先与集团学校讨论确定好的招生专业及计划，不顾师资、设备等条件，自行开设护理专业等所谓的热门专业。

（三）中职免费意味着招生任务更艰巨

贵州省 2013 年起将大力实施"9+3"义务教育及 3 年免费中等职业教育计划，从秋季学期起，全部免除省内中等职业教育在校学生学费，将 47 万贫困家庭学生纳入中等职业教育。免费中职教育是一项服务民生的好政策，但对于职业技术学校来说，意味着更大数量的招生计划指标。中职教育质量的提高不可能一蹴而就，而更大数量的招生计划需要花费更大力量的精力去完成。中职学校质量差是不争的事实，对于许多贫困家庭来说虽然中职免学费，但仍然存在当地中职学校值不值得读的问题。目前农村出现了两个极端：要么是砸锅卖铁供孩子上大学，出人头地，靠知识改变命运；要么是让孩子尽早在家务农或外出打工，以养家糊口以及积累社会经验。学生从 7 岁入学算起，接受 9 年义务教育，初中毕业时已满 16 岁，可以外出打工。许多毕业生选择打工的目的，也不仅仅是因为急于赚钱养家。打工的过程也是一种职业学习的过程。学一门实实在在的技术，早些接触并适应社会，与接受质量不高的中职教育相比，确实更具有吸引力。陈胜祥等在《财政资助对中职学校招生的影响——基于赣、浙、青三省 1218 份问卷调查》中也谈到，近年来，我国逐步实行了两项中职财政资助政策，对此，各界均乐观地认为它们能增强中职教育的吸引力，促进中职招生。① 然而，对江西、浙江和青海三省四所职业技术学校 1218 名中职新生的入学动机进行的问卷调查显示，只有 8.9%（108 名）的中职新生承认自己是冲着财政资助而选择就读中职学校的，而且这些学生普遍来自底层家庭且初中毕业时学业失败。由此可知，公共财政资助虽然在客观上惠及了一些中职学生及其家庭，但在促进中职招生中没有发挥预期中的重要作用；而且随着我国"三农"问题的逐步解决，公共财政资助政策在促进中职招生中的作用会更加弱化。概言之，各县（区）中职质量不可能短时间提高，而即将实行的"9＋3"政策，对中职学校来说，是机遇也是挑战，招生的任务依然甚至更加艰巨。

（四）中职师资质量整体提高步伐艰辛

师资质量是教育质量的关键。从事职业教育的教师不仅要有扎实的专业知识，还要有过硬的操作技能和丰富的实践经验以及先进的教育理念。虽然集团学校成立以后，铜仁职业技术学院组织领导和专家对各分校进行了多次培训和交流，但由于条件所限，每次参与交流

---

① 陈胜祥、曹婷：《财政资助对中职学校招生的影响———基于赣、浙、青三省 1218 份问卷调查》，《职教论坛》2011 年第 7 期。

的只能是部分领导和骨干教师，还有大量的一线教师需要各种培训。而县（区）中职学校师资面临的问题主要有以下几方面：一是过去招聘的老教师第一学历较低，学习能力有限，难以紧跟知识更新换代的速度。以江口县中等职业学校为例，44 名公办教师的第一学历情况如下：本科 11 人，专科 10 人，中师（含高中）21 人，初中 2 人。虽然许多教师通过进修拿到了大专或者本科学历，但实际文化知识水平不能与毕业不久的全日制大专或本科生相比。二是新招聘的教师，从学校到学校，没有实际操作或从业经验。三是近几年市场专业需求变化较快，许多教师面临所教专业与所学不相关的问题。再加上近几年，我国职业教育改革力度大，理念更新迅速，许多领导与教师的职教理念亟待更新。总的来说，不仅专业不"专"，专业教师也"不专业"，专业设置变化快，学校的编制又限制了教师的引进，只能把现有的教师经过培训之后上岗，培训"多面手"、"万金油"。这样导致的结果是，各个学校专业设置多、杂，没有特色。在生源危机的巨大压力下，学校的主要精力又是上半年放在招生，下半年放在就业，而核心的教学工作无暇顾及，教师的教学水平、能力等自然也上不去。这是铜仁职业技术学院在引领各分校的过程中感到最吃力的地方。由铜仁市政协陈达新主席任组长、周建英副主席任副组长的调研组于2013 年 7 月 18 日提交的《关于铜仁市职业教育发展的调研报告》显示：铜仁市各中职学校"师资力量薄弱，结构不合理。一是教师总量不足。目前，全市中职共有专任教师 1028 人（10 个区、县仅 584 人）师生比为 1∶33.3。若按国家标准师生比 1∶20 测算，今后 3 年将缺专任教师 2000 人以上。二是教师结构不合理。现有职校教师中，大多数是从普通高校招录或其他非职校调入的，文化课教师居多，专业教师偏少，'双师型'教师严重缺乏。三是公开招考教师难。针对师资紧缺问题，各县区都加大公开招考力度，但因人事部门统一招考条件限制，符合条件的招考对象少，具有一定专业技能的人才进不了职校。师资紧缺导致部分学校的一些专业课程无法开设，课程设置与职校极不相称，对职教发展造成不良影响"。

（五）专业调整过程艰难

虽然各分校根据当地产业发展需求确定了办学方向，但职校内一个专业，尤其是重点专业的废与立，涉及面十分广泛，改革过程艰难。对某一分校而言，若原开设的专业或专业群中有与规划建设的重点专业方向一致或接近的，基础越好，改革相对越容易。若无基础，改革过程十分艰难。例如江口县将依靠梵净山旅游区长期重点发展旅游业，需要大量旅游有关专业的毕业生，因此江口职校改名为梵净山旅游学校（江口），但在 2012 年招生工作中，旅游服务与管理作为集团学校专业也是今后重点建设的专业，仅招到 2 人，2011 年该专业的招生人数也仅为 8 人。其他专业如数控技术应用、电子与信息技术、汽修运用与维修专业招生情况反而好于旅游专业。并且在未来几年内，非旅游相关专业仍将是该校招生计划中的重要专业。将旅游相关专业作为该校的品牌专业和主要招生专业还需要较长的一段时间。其中的原因是多方面的：首先，各分校要先保证生源的数量，这是硬性任务也与教职工的切身利益相关；其次，当地群众对分校的改革、对铜仁职业教育集团学校专业设置的整体规划还缺少全面了解，主要凭自身意愿选择就读的学校；最后，部分分校重点建设的特色专业原有基础十分薄弱，缺专业教师、少实训基地设备等，很难一时间办成品牌、办出特色，因此也就无吸引力可言。在这一场改革中，除思南职校原有基础较好、规划方向也是依据该校原有优势而定、改革相对容易外，其他分校都不同程度地面临专业调整艰难的问题。

（六）集团学校内各校课程的相对统一与紧密衔接等问题紧迫

随着我国现代职业教育体系的逐步建构和完善，中职教育的升学功能日益凸显，加上每年高考人数的缩减，越来越多的中职生在毕业时可以选择继续读高职，中职学生也就成为高职专科院校潜在的生源。那么，中高职专科院校在课程体系等方面的衔接矛盾就会越加突出。首先，教育部《关于推进中等和高等职业教育协调发展的指导意见》（教职成〔2011〕9号）明确规定了两者在人才培养目标上的差别：中等职业教育是高中阶段教育的重要组成部分，重点培养技能型人才，发挥基础性作用；高等职业教育是高等教育的重要组成部分，重点培养高端技能型人才，发挥引领作用。这种差异就要求中高职专科院校明确各自的人才培养目标定位。其次，以往一些中职学校为了扩大学校的招生和追求短期的经济效益，专业设置带有很大的随意性。另外，从中职学校专业目录与高职学院专业目录的关联性来看，二者的衔接并不紧密，缺少整体性统筹，从而造成了中高职专业衔接的错位。最后，也是最为具体的就是，中职与高职的专业课程体系并不完善，需要标准化的中高职课程划分和专业课程的课程标准，达到二者课程相对独立、相互衔接、相互分工以及不重复浪费的一种有机结合的状态。但现实是，许多中职学生升入高职后，与身边大多数由普通高中毕业经过高考而来的学生混杂在一起，理论基础知识方面跟不上整体的步伐，专业技能方面又觉得吃不饱。

就目前而言，如果铜仁职业教育集团学校分校毕业生选择继续深造，将有相当部分报考铜仁职业技术学院。因此，集团学校内部各分校相同及相似专业间课程标准的相对统一，各分校与铜仁职业技术学院在专业设置上的对接和课程体系的衔接等相关问题的解决将变得越来越紧迫。

（七）对中职学校投入不足

由铜仁市政协陈达新主席任组长、周建英副主席任副组长的调研组于 2013 年 7 月 18 日提交的《关于铜仁市职业教育发展的调研报告》显示：铜仁市各县（区）对中职学校"经费投入不足，办学条件差。近年来，铜仁市虽然加大了职教经费投入，办学条件有了一定改善，但总体投入标准远不及普通高中，特别是部分中职学校，办学条件十分简陋。一是校园校舍面积不达标。按现有在校生 2.6 万人计算（不含今年中职招生任务 3.49 万人），中职学校生均占地面积与国家标准相差近 10 个百分点（国家标准：生均 33 平方米），尚缺校园用地 7.8 万平方米；生均校舍建筑面积仅 5.9 平方米，不及国家标准的三分之一（国家标准：生均 20 平方米），尚缺校舍近 37 万平方米。二是职校建设资金缺口大。按照省里'9+3'计划普职比达到 1∶1 测算，到 2015 年铜仁市中职在校生目标为 9.55 万人、净增 6.95 万人，接近现有学生的两倍，全市需新建和改扩建职校的量大、任务重，资金缺口大。三是实训基地及配套设备缺乏。有的职校没有必要的实训基地（车间），有实训基地（车间）而没有必要的教学设备和器材。四是学校经费运转困难。职校经费除了发放教职工工资外，所剩无几，难以维持运转"。

（八）高职院校教师长期超负荷工作

社会服务在人才培养和科学研究基础上已经成为高职专科院校新一轮发展的重要使命，指的是利用高校自身的资源，通过技术培训、技术服务、产学合作等形式直接服务社会，推动经济建设和社会发展。人才培养和科学研究本身就是一种高等学校服务社会的形式。

对中职的引领，可以是看做一种新的、重要的社会服务形式。目前，我国各级政府都高度重视高职教育，但尚未出台较为详细的高职专科院校与企事业单位合作、高职专科院校参与社会服务工作方面的配套政策。就高职专科院校内部而言，教师参与社会服务的激励机制也尚未形成。近年来，铜仁职业技术学院迅猛发展，取得各项荣誉的背后是教师超负荷地工作，疲于应对校内教学、管理等方面的工作任务，部分教师尤其是骨干教师承担的任务已经超过了工作职责范围，超过了健康身体所能承受的工作量。因此，对高职而言，如何更高效更省力地引领中职学校以及争取地方政府有力、具体的支持政策和适当的激励机制，也是今后工作中要突破的瓶颈。

铜仁职业教育集团学校各分校 2011 年与 2012 年招生情况比较表

学校	2011年开设专业数	2012年开设专业数	2011年计划招生人数	2011年招生人数总数	计划完成率%	2012年计划招生人数	2012年招生人数总数	计划完成率%	2012年与铜仁职院联办计划人数	2012年与铜仁职院联办入学学生人数	2012年联合办学计划完成率%
碧江职校	1	5	400	108	27	500	522	104.4	150	238	158.67
思南职校	11	11	1660	996	60	1500	1342	89.47	250	280	112
德江职校	22	17	1200	1239	103.25	1450	1173	80.9	350	230	65.71
石阡职校	5	4	800	414	51.75	800	408	51	300	180	60
松桃职校	5	12	800	231	28.88	500	512	102.4	200	23	11.5
万山职校	6	6	200	217	108.5	210	224	106.67	180	43	23.89
江口职校	6	6	600	168	28	600	125	20.833		47	

学校	2011年开设专业数	2012年开设专业数	2011年计划招生人数	2011年招生人数总数	计划完成率%	2012年计划招生人数	2012年招生人数总数	计划完成率%	2012年与铜仁职院联办计划人数	2012年与铜仁职院联办入学学生人数	2012年联合办学计划完成率%
沿河职校	6	9	400	138	34.5	400	400	100	100	29	29
玉屏职校	7	9	600	594	99	600	570	95	300	2	0.67
印江职校	4	7	800	148	18.5	800	336	42	550	194	35.27
沿河卫职校	1	1	100	0	0	100	55	55	60	55	91.67
松桃卫职校	0	0	200	0	0	200	198	99	100	198	198

第九章 研究结论及政策建议

一、研究结论

经过二十多年的发展，职业教育的办学规模迅速扩大、办学层次和类型已实现多样化，尤其是从办学规模来看，高等职业教育已经占据整个高等教育的半壁江山。但是，职业教育对经济社会的贡献能力尚未很好地得以发挥，而同时，改造提升制造业、发展战略性新兴产业、发展现代服务业等经济社会发展的新形势对职业教育培养的人才规格提出了新的要求提供了新的机遇与思路。因此，我国现代职业教育体系的构建不仅是政策制度的要求，更是经济社会发展与保障国家经济安全的迫切需要。为此，课题组进行了全面深入地研究，得出如下结论：

（一）现代职业教育体系的范畴应更为丰满

本书从职业教育体系的完整性、社会发展的需要等多个角度对职业教育的体系重新进行了定位，丰富了职业教育的内涵与外延。

从办学层次看，现代职业教育体系包括中等职业教育和高等职业教育，其中高等职业教育不只包括专科层次还包括本科层次和研究生层次。从办学类型看，现代职业教育体系包括学历教育、职业培训、终身教育等。从人才培养目标看，中等职业技术学校在现代职业教育体系中发挥基础作用，重点培养技能型人才，高等职业技术学校在现代职业教育体系中发挥引领作用，重点培养高端技能型专门人才。从价值层面看，在职业教育范畴内，不同层次的职业教育均拥有共同的价值观和历史使命，在服务地方经济社会发展和支撑国家产业提升竞争力方面都是不可或缺的。

（二）职业教育存在的问题与原因复杂多样

当前，中国特色的职业教育框架已经基本形成，但是职业教育体系尚不健全，层次之间的衔接尚不通畅，作为职业教育体系构建的重要节点——高职引领中职教育发展的探索尚处在初级阶段，职业教育的发展还存在多个方面的问题。

从职业教育发展的环境来看，目前，国家关于高职引领中职教育发展的政策支持还不具体，政策落实还不到位；理论研究多侧重于高职与中职的协调发展，对高职引领中职的模式、路径等方面的研究还很少，理论研究仍落后于实践；对职业教育价值的社会认知度一直比较低，职业教育获得的社会支持力度不足，在一定程度上导致职业教育的教学条件、师资力量和生源质量都比较弱。

从人才培养质量与教育价值的彰显能力来看，我国目前的中高职教育虽然已经形成了培养人才的中高职层级体系，却存在人才结构衔接不畅、培养的人才存在知识结构与能力结构上的断层现象；职业教育的发展规模十分可观，但培养人才的质量和服务社会的能力还不十分理想，培养的人才层次还不能满足社会的新要求；尤其是中等职业教育还不能充分体现其在社会经济发展中的价值，整个职业教育系统急需加强内涵发展。

从高职引领中职教育的实践来看，国内高职引领中职的常用模式如组建职业教育集团，但该模式仍处于探索阶段，相对成功的模式尚不具备示范价值；高职引领中职教育发展的思想观念尚未能达成共识，还处于不自觉的状态；高职引领中职教育发展的内在运作机制未达到自觉调节阶段，尚处于体制不健全状态；高职引领中职教育发展的作用日渐明显，但潜力尚处于努力挖掘阶段。

（三）高职引领中职教育模式建构的理论视角新颖

本书将生物学中的"共生"理论引入职业教育研究中，作者从"共生"理论的含义出发，指出要创建高职引领中职教育的共生系统并不断优化这一系统。这一系统包括共生单元的选择、共生模式的构建与共生环境的营造三个部分。高职引领中职教育所形成的共生模式的构建需要从共生能量模式和共生组织模式两方面同时考虑。共生能量模式演进过程一般是由寄生模式到偏利共生模式再到互惠共生模式。只有互惠共生模式，才能够使高职院校和中职学校都产生新能量，从而形成高职引领中职教育发展的持续动力。这种演进过程一般是由点共生模式到间歇共生模式再到一体化共生模式。随着模式的转化，共生关系也逐渐加深，高职引领中职教育之间的协调将逐渐趋于均衡，相互参与的积极性越来越高，相互依存和共生程度也日益加深，最终达到高度融合，完美合作。因此，高职引领中职教育共生模式构建的目标就是形成互惠一体化的共生模式。我国现行的融合式、区域式、行业式、托管式和航母式等五种引领模式是我国高职引领中职教育发展的比较可行的模式。

（四）高职引领中职教育的环境与体制机制建设建议基本自成体系

高职引领中职教育的更好发展须从加强外部环境建设和内部环

境建设同时着手，才能同步推进，不断优化、不断完善。

1. 建立社会共同参与的外部对接和高中职内部的衔接制度

促进职业技术学校与行业企业的零距离对接、提高人才培养质量的有效途径主要有：成立省、市级职业教育发展理事会、联席会，建立骨干企业进职业院校制度、产教对接制度、职业院校进园区、成立一体化专业建设指导委员会、以产业布局来调整职业技术学校的专业设置等。

要建立上述机制体制，还需重视以下几个方面的工作：一是明确中高职教育的定位；二是通过建立人才需求预警机制、规范用人行为、统筹规划区域内教育资源配置等方式加强政府引导，建立政府主导职业教育发展的体制机制；三是加快中高等职业教育衔接专业目录的编制，充分考虑科学性与实用性并举原则，注重职业与专业的对应、不同教育层级与人才规格的对应；四是强化职业教育专业体系与职业资格证书的对应体制；五是高职教育要把握区域经济与社会发展的特点与走向，借以科学引导中职教育的可持续发展；六是从学校层面来看，各高职专科院校则应主动承担教育教学培养模式中的微观层面的探索与实施工作；七是建立骨干企业进职业院校、产教对接制度；八是建立科学有效的调研机制。

2. 高职与应用本科应趋同发展

高职专科教育与应用本科教育首先要有主动衔接的意愿，然后再寻找共同的衔接点。高职专科与本科教育的共同点主要应表现在以下几个方面：① 一是办学理念的趋同。这种趋同主要体现在应用性、地方性和职业性三个方面；二是人才培养的趋同。这包括多个方面的趋同，如专业设置、人才培养模式的构建、师资队伍建设、课程体系

---

① 参见侯长林、罗静：《高职与应用本科的趋同发展》，《光明日报》2013 年 7 月 27 日。

的建立等等；三是科学研究的趋同。科研要围绕地方经济社会发展尤其是地方产业的发展需要来立项，要切实解决地方经济社会发展中出现的经济的、社会的、文化的、科技的问题。

3. 高职引领中职教育的有效途径是集团式发展

高职引领中职教育目前主要是通过成立集团学校，组建职业教育集团、联盟学校，在集团或联盟中发挥高职专科院校的引领作用，从而引领和带动中职学校的发展。

参照企业集团的组织结构，高职引领中职的职业教育集团的组织结构可以分为核心层、紧密层、半紧密层以及松散层四个层次。

4. 高职引领中职集团发展管理中应处理好三对关系

一是有效发挥集团核心层即龙头学校的作用；二是要处理好核心层的龙头学校与其他层的成员学校组织的关系；三是处理好集团内部其他成员之间的关系。

5. 高职引领中职教育发展的关键点为建立利益驱动机制

一是寻找利益结合点，构建利益驱动机制；二是疏通信息沟通渠道，建立引领导向机制。

二、政策建议

（一）加强政策支持与引导，理顺职业教育管理体制机制

1. 明确职业教育管理归属，强化其归属感

目前，针对普通教育的管理机构在教育部和教育厅内部都有基础教育、高等教育、学前教育的独立管理部门，但针对职业教育的管理部门在教育部和教育厅内部只有职业教育与成人教育司、处，这种机构设置已经不能适应职业教育快速发展的需要。尤其处于高等教育

层次的高等职业教育院校的地位非常尴尬，作为职业教育机构归于教育部、教育厅职业教育与成人教育管理部门，但并未因属于高等教育层次而引起各级高等教育管理部门的重视，导致高等职业教育机构无权参与到争取针对高等教育的各项支持性政策的行列，使高等职业教育机构的发展与普通高等教育的发展脱节，发展水平与速度均受到影响，其对中职教育的引领能力受到限制。

因此需进一步完善职业教育的管理归属，增强其归属感，扩大其发展空间。

2.明确职业教育集团的管理体制机制，统筹职业教育发展

职业教育集团化发展已经历了十多年的时间，已经总结了关于职业教育集团的体制机制建设、专业发展、校企合作等多方面的有益经验，但至今仅有部分省市出台了关于职业教育集团化发展的指导性意见，从教育部到教育厅、从中央到地方均未对职业教育集团的性质、管理体制机制等方面作出较为明确的指导性规定，导致职业教育集团内部各方之间权责利的分配关系不明朗，降低了集团办学的效率和效益。职教集团中发展较好的学校的带动作用并不是很明显，集团内部各单位发展的不均衡性仍比较突出。

因此，需要尽快明确职业教育集团的性质与管理体制机制，通过推动职业教育统筹发展促进高职教育对中职教育的引领作用。

3.完善职业教育体系，提高职业教育独立性

全国职业教育工作会议已经明确提出，要采取试点推动、示范引领等方式，引导一批普通本科高等学校向应用技术类型高等学校转型，争取到2020年，要形成适应发展需求，产教深度融合，中职高职衔接，职业教育与普通教育相互沟通，体现终身教育理念，具有中国特色、世界水平的现代职业教育体系。

但是，我国现有的职业教育体系仍只包括初等职业教育、中等

职业教育和高等职业教育中的专科层次，其中的应用型本科的改革也才刚刚起步，研究生层次几乎尚未开始；同时，因应用型本科院校仍归属于高等教育管理部门，而高等职业教育机构归属于职业教育与成人教育管理部门，使得目前的高等职业教育机构最高等次仍只是高等专科层次，与本科层次甚至研究生层次的衔接渠道还未建立，应用型本科与专业层次的职业教育之间的链接关系很不明确，二者之间沟通的桥梁还未建立，高等职业教育对中等职业教育的引领作用因高等职业教育现有层次偏低而受到质疑。

因此，从中央到地方都需要进一步明确我国的职业教育体系的内涵与外延，在推动职业教育与普通教育的衔接的同时，加快推动职业教育形成相对独立、完善的体系，进一步彰显职业教育的特色。

4.重视对职业教育的政策支持，建立完整的政策体系

《教育部关于推进高等职业教育改革创新引领职业教育科学发展的若干意见》（教职成〔2011〕12号）中明确提出："各地教育行政部门要积极联合相关部门，将高等职业教育纳入本地经济社会和产业发展规划，统筹区域经济社会发展与高等职业学校布局和发展规模，统筹中等职业教育和高等职业教育协调发展，统筹应用型、复合型、技能型人才培养结构布局，分类指导，支持特色学校和特色专业做优做强。要解放思想，改革创新，大胆探索，促进地方政府充分发挥政策调控与资源配置作用，引导学校科学定位，全面提升办学质量，大力促进高职毕业生就业，为区域经济社会发展提供人才支撑和智力支持。"因此，中央至地方政府及各级教育主管部门应进一步明确这一理念的内涵，结合实际，把握规律，制定和出台相应的指导意见和措施，对职业院校进行一定程度的分类指导，鼓励和支持中高职教育树立系统和整体的发展思路与人才培养理念，鼓励和扶持高职教育向纵深发展，立意深远，增强影响力和带动力。

5.完善师资队伍管理与建设制度，提高师资质量

长期以来，我国没有专门化的高职师资培养体系，高职专科院校只能依托普通高校输送学科性的教师以及根据自身条件采取不同的方法进行校本培养，教师培养的成效不一。大量高职专科院校教师的职业教育观念还没有从学科体系中转变过来，教育教学方法落后，教学质量不高。研究认为除各校按照自身实际开展特色师资建设外，需要国家和地方教育部门统筹，立标准、建制度，搭建职前、职后一体化职教师资教育新体系。具体要做到：其一，通过国家职业教育立法，建立高职师资建设机制，包括教师准入机制、教师评价机制、教师经费投入机制、教师调配机制、教师激励机制等。其二，要建立国家职业教育教师资格标准（高职教师资格标准和中职教师资格标准），成立职业教育教师资格认证机构，对新进入职业教育的师资严格执行准入制度，对原有教师要求在规定期限内达到标准，对所有教师在一定时期内（比如五年）有到企业或行业接受新技术、新技能训练的要求。其三，要联合企业成立专门的职业教育师资实训基地，专门接纳即将从事职业教育和现有职业教育教师的继续教育实践技能培训工作。其四，要成立专门的职业教育师资学院，也可在普通高校选择专业建立高职师资学院，在现有国家级示范院校和省级示范院校选择专业建设中职师资学院。学制4—5年，严格要求学生在毕业前按照专业大类到行业和企业参加技能训练，并达到职业教育教师资格。改变普通大学的本科生或研究生毕业后直接从一所大学进入另一所大学的状态。普通大学毕业生如果要进入高职专科院校，必须先进入职业教育师资学院进修1—2年，达到职教师资标准；企业兼职教师在从事职业教育前也要在职教师资学院进修，达到师资标准。其五，要成立职业教育师资"双师素质"认证机构，分专业建立"双师"以技能操作为主而不是以证书为主（目前各种证书含金量低）的认定委员会，

鉴定高职教师的"双师素质"；搭建国家、省市和学院三级"双师素质"教师评定体系。其六，国家和地方政府需要拨出专款用于职教师资建设，要求各校按照比例划出专款用于师资建设。

(二) 加强对职业教育的统筹管理，促其协调发展

1. 统筹职业教育发展规划

近几年，我国职业教育发展迅速，但各省市中职教育与高等职业教育专科的发展缺乏统一规划，二者发展极不平衡。有的省份高等职业教育专科层次的办学规模迅速扩大，而中职教育的规模却迅速萎缩；有的省份则正好相反。而且，部分省市地方本科院校也正在向应用技术性高校转型，职业教育正在向本科层次延伸。中职教育与高职教育的专科层次、高职教育的专科层次与本科层次之间的衔接沟通急需统一规划来保障。

2. 统筹人才培养目标与课程体系设置

职业教育已经具备初等、中等和高等专科层次，且正在向本科甚至研究生层次扩展，但是因我国职业教育向高层次的实质性发展历史比较短，各级职业教育的人才培养目标、专业设置、课程体系设置仍存在界限不明、衔接不畅、课程内容重复率高的现象，导致职业教育培养人才的水平提升速度较慢，直接制约了职业教育的健康发展。因此，急需统筹各级职业教育人才培养目标，统筹各级间的专业设置、课程体系设置甚至课程内容的选择。

3. 统筹资源配置，为职业教育健康发展提供保障

尽管全国职业教育工作会议已经明确提出要对普通本科高校转型发展进行资金引导，但我国职业教育经费投入的保障机制还很不健全，职业教育管理部门基本上还是沿袭过去的模式，在配置如资金、师资、课程等职业教育资源的时候，仍只考虑中职教育和高职专

科教育，而没有考虑应用本科教育，更没有考虑专业硕士和专业博士教育。这不利于各级职业教育的协调发展和职业教育体系的进一步完善，迫切需要统筹各级资源。

4. 统筹评价体系，促使职业教育发展水平的提高

评价体系，是一个风向标，它将引导职业教育各层级之间走向统一、走向协调。目前，我国职业教育的评价体系不健全，基本上只是职业教育各层级自身在自发地拟定一些内部管理标准或评价体系，没有考虑职业教育不同层级之间评价体系如何衔接的问题。所以，应该尽快建立健全相应的职业教育评价体系。

5. 创新职业教育与行业企业合作办学模式

职业教育的健康发展、特色发展离不开校企合作。各级管理部门和职业院校自身必须创新校企合作模式与管理体制，吸引大企业、知名企业主动投入资金、师资等教育资源，校企共建办学实体，以现代股权制度为基础，逐步建立与之相适应的新的运行机制，制定并有效实施新的好的管理制度，协调职业教育与行业企业合作发展。

（三）拓宽职业教育资金来源渠道，加大扶持力度

按照"受益者付费"的原则，高职教育的经费投入必然是多元的。除确保政府对高等教育经费的主渠道作用外，企业、个人和社会也要分别承担相应的高等教育成本。在高职教育投入方面，需要继续加大政府投入、激励企业投入、拓展社会投入，充分发挥政府在高职教育发展中的主导性和决定性作用，创新投入机制，构建以政府为主导，企业、社会、个人共同投入的高职教育投入体系。

1. 加大政府的政策倾斜和资金的投入

一是要把高职专科院校投入纳入普通高等教育，按照合适的比率直接增加财政投入；二是积极向西部等经济不发达地区倾斜；三是

分类测算各高职专科院校的办学成本和生均培养经费，制定国家与个人共担经费的标准，从而确定生均标准；四是政府要加大投入，真正将高职教育办成公益事业，使其对经济社会的贡献率充分发挥出来。

2. 开拓创新，不等不靠，形成多元化的融资体系

一是采取银行信贷融资；二是采取资产证券融资；三是租赁融资；四是产业、科研融资；五是合作办学融资；六是按照 BOT\BT\PPP\ 的模式融资；七是争取教育基金和教育费附加、城建税等相关税费的无偿划拨；八是除此以外，高职专科院校还可通过募捐等形式，募捐的内容既可是设备，也可是软件，还可是科研技术，知识产权（国外对社会捐资助学一律给予税收减免，香港对学校筹资额也给予一定比率奖励）；九是采取市场化运作，通过有偿服务和资本运作融资。

3. 重点加大政府对西部职业教育的支持力度

西部地区职业教育基础十分薄弱，经费投入严重不足。无论是高职专科院校还是中职学校都普遍存在教学基本建设薄弱的问题。师资、实训设备设施、实践教学基地等方面的办学条件不能适应职业教育改革与发展的需要，制约了职业教育的发展。针对西部地区经济发展水平低，交通不便，生源文化基础偏弱的特点，加大经费投入的具体建议如下：

一是要强化政府责任，落实《国家中长期教育改革和发展规划纲要（2010—2020 年》。制定中央政府与地方政府持续增加投入的具体措施，保证高等职业教育基本的办学条件和研究条件。

二是要拓宽筹资渠道，夯实职业教育基础能力建设。针对西部地区财政收入偏低，建议中央财政建立对西部高职教育的转移支付政策。国家对西部开发的经费预算，应有发展西部地区职业教育的预算比例或西部职业教育专项资金；西部各省市区财政也应加大对职业教

育硬件设施的经费投入，使职业教育经费保持逐年上升的较大比例；也可考虑在国债资金中安排发展西部职业教育的切块；鼓励各行业、企业和社会力量投资举办西部地区急需的应用性专业人才教育或采取捐资、入股、定向培养等形式支持本地区职业教育的发展；建立对西部地区高职专科院校发展领军人物的培养制度，出台政策，设立专项资金，确定培养发方向，制定培养计划，以确保西部高职专科院校在发展中的引领作用的发挥。

三是要落实特殊政策，提高少数民族职业教育水平。《国家中长期教育改革和发展规划纲要（2010—2020 年》明确了对少数民族地区职业教育的特殊政策，特别是在基础设施建设、师资队伍建设、对口扶持等方面都有明确的要求。我们希望各级政府能够切实落实相关政策，让少数民族地区的职业教育能够再上新台阶。

（四）强化理论研究和实践探索，增强高职引领中职的成效

1. 深入研究高职引领中职的理论，寻找科学依据

理论是行动的先导，理论来源于实践，指导实践。首先，明确引领的理论基础。一般认为是以"共生"理论或者说"利益共同体"理论作为理论依据；其次，实现有效引领的理论和实践探索。

近十余年来，我国的职业教育获得大发展，并积累了丰富的办学经验。各地职业教育开拓创新，特色和亮点不断涌现，交流合作办学趋势明显。我们应该借助这一优势和有利条件，加强高职引领中职教育发展的理论和实践探索。主要是引领内容和途径的研究，内容包括：职业教育理念引领、专业建设引领、课程改革引领、师资队伍建设引领、实践教学引领、文化建设引领、技术研发引领、引领的成本与效益研究等方面。主要任务是将高职教育发展的先进的理念、成功经验通过示范或手把手地传帮带内化到中职教育的发展中；途径主要

是在"遵循规律、服务需求、明确定位、系统思考、整体设计、构建体系、科学布局、分类指导、分步实施"的原则下，探索和完善引领的模式、创新体制机制、争取政府的政策和资金扶持、营造良好的外部环境，保证引领工作科学有效地开展。最后，要综合分析引领过程中出现的新问题、新情况，着力探索和解决实践中遇到的突出问题。笔者建议将引领问题转化为立项课题，通过项目和课题形式鼓励开展全局性、系统性、针对性研究，积极推广好的经验做法，从而为高职引领中职教育发展提供科学决策依据。

2. 积极进行高职引领中职的实践探索，增强高职引领能力

要不断增强高职的引领能力，带动中职教育的整体提升，借以实现职业教育的整体科学发展。具体而言，首先，高职应释放自己的办学活力，充分利用自身优质资源，发挥高职教育在建立与行业对接协作机制、探索多元办学模式、深化专业与课程改革、建设"双师型"教师队伍、促进校园文化与企业文化融合等方面的引领作用，引导和带领中职教育跨越规模难度的危机，提升办学水平。其次，高职教育和中职教育都必须要有引领和被引领的主动性、积极性，通过建立引领的沟通协调机制实现深层次的衔接和融合。最后，高职教育应进一步拓宽办学思路，积极开放办学，提高资源整合能力，在服务地方经济社会发展中谋求更多红利；通过深化内涵建设，不断创新体制机制和管理模式，加快建设具有中国特色和世界水准的高等职业教育，从而提升引领中职教育发展的能力。鲁昕副部长在职业教育发展高峰论坛上对高职专科院校提出了七点期望：一是要做到立意高远，二要力争思路前沿，三要具有国际视野，四要勇于破解难题，五要明确目标任务，六要研究政策推进，七要取得国家成果。

结 束 语

    贵州省地处相对落后的西部地区，有自己特殊的职业教育的历史和现实背景。贵州职教人攻坚克难，后发赶超，构筑"精神高地"冲出"经济洼地"的气魄和追求值得赞叹。这里的每一点成绩的取得都值得大家珍惜和关注。贵州构筑职业教育的"精神高地"，需要有创新的文化和先进的理念去支撑和推动。铜仁职业教育集团学校办学模式是一次大胆的尝试，也是一个成功的典型案例。本书尝试对这一成果进行整理和挖掘，推广经验，发现问题，探索解决途径。同时，本书受研究者能力和条件的限制，尚不够系统深入，希望广大职教人共同探讨完善。我国职业教育发展机遇和挑战并存，发展是主旋律。发展中遇到的问题要用发展的眼光去解决，高职引领中职教育发展的路子还需要多方聚力，不断地实践和探索。

参 考 文 献

一、著作

[1] 吴雪萍：《国际职业技术教育研究》，浙江大学出版社 2004 年版。

[2] 王毅、卢崇高、季跃东等：《高等职业教育理论探索与实践》，东南大学出版社 2005 年版。

[3] 姜大源、吴全全：《当代德国职业教育主流教学思想研究》，清华大学出版社 2007 年版。

[4] 马树超、郭扬：《高等职业教育跨越转型提升》，高等教育出版社 2008 年版。

[5] 王飞跃、樊黔江等：《职业教育保障与反贫困研究》，经济科学出版社 2011 年版。

[6] 侯长林：《高职教育改革与区域经济发展》，科学出版社 2011 年版。

[7] 侯长林：《技术创新：高职院校核心竞争力培植的生态基础》，科学出版社 2012 年版。

[8] 侯长林：《大学精神与高职院校跨越发展》，北京理工大学出版社 2012 年版。

[9] 梁成艾：《职业教育"项目主题式"课程与教学模式论》，西南交通大学出版社 2013 年版。

二、论文

[1] 王锐兰：《共生效益：高校联合办学的驱动机制》，《江苏高教》1997 年第 1 期。

[2] 周丽华：《论中职与高职教育之贯通》，《教育导刊》2000 年第 2 期。

[3] 白宗新、汤厚宽：《国外中高等职业教育衔接之比较研究》，《江苏高教》2001 年第 4 期。

[4] 姚茂敦、张军、胡筱艳：《对贵州省高职教育发展状况的调查研究及对策思考》，《武汉船舶职业技术学院学报》2003 年第 6 期。

[5] 冯象钦、段志坚、马仲明：《集团化办学是改革和发展职业教育的重要途径》，《中国职业技术教育》2003 年第 9 期。

[6] 董绿英：《国外主要发达国家与我国中、高职衔接模式比较研究》，《柳州职业技术学院学报》2004 年第 3 期。

[7] 高原：《我国中高职衔接研究综述》，《中国职业技术教育》2004 年第 5 期。

[8] 高原、邓玉、张春梅：《发达国家中、高等职业教育衔接的模式》，《河北科技师范学院学报》（社会科学版）2004 年第 6 期。

[9] 马成荣：《关于职业教育集团基本问题的思考》，《教育发展研究》2005 年第 19 期。

[10] 董兆伟、侯维芝、梁艳青：《高职教育集团化发展探索》，《职业技术教育》2006 年第 4 期。

[11] 周济：《认真贯彻决定精神，推动职业教育又好又快发展》，《中国教育报》2005 年 12 月 5 日。

[12] 李庆原、董绿英：《中、高等职业教育衔接的对策思考》，《高教论坛》2006 年第 4 期。

[13] 毕家驹：《外国高等职业教育的特点和发展趋势》，《职业技术教育》

（京）2006 年第 5 期。

[14] 肖化移：《国外高等职业教育发展模式探析》，《职业技术教育》（京）2006 年第 5 期。

[15] 朱晨辉：《发达国家职业教育面面观》，《教育文摘周报》2007 年 2 月 14 日。

[16] 王克武：《韩国职业教育的特点与启示》，《职教论坛》2007 年第 3 期下。

[17] 袁黔华：《贵州民族地区农村职业教育问题研究》，《贵州民族研究》2007 年第 4 期。

[18] 季晓艳：《新加坡职业教育健康发展的原因探析》，《职教论坛》2007 年第 4 期下。

[19] 马立武、祁伟：《近年德国促进职业教育发展的新措施》，《中国职业技术教育》2007 年第 5 期。

[20] 卢新予：《国外职教师资队伍建设的有益经验》，《中国职业技术教育》2007 年第 6 期。

[21] 芦京昌、范敏：《浙江省中高职衔接机制及操作研究》，《中国职业教育》2007 年第 10 期。

[22] 胡晓红：《关于我国中、高等职业教育衔接问题的若干思考》，《辽宁师专学报》（社会科学版）2009 年第 1 期。

[23] 和震：《我国职业教育政策三十年回顾》，《教育发展研究》2009 年第 3 期。

[24] 漳州市职教中心：《职业教育集团化办学研究综述》，《职教研究》2009 年第 3 期。

[25] 徐元俊：《论我国高等职业教育法制的完善》，《长春工业大学学报》（高教研究版）2009 年第 4 期。

[26] 霍骁象、赵哲、许俊峰：《中高职课程衔接问题的调查研究》，《中

国成人教育》2009 年第 15 期。

[27] 周志勇：《中高职一体化存在的问题及可持续发展建议》，《哈尔滨职业技术学院学报》2011 年第 6 期。

[28] 李玉静：《中职与高职：协调与融通》，《职业技术教育》2011 年第 7 期。

[29] 杨长亮：《我国中高职教育贯通培养模式探析》，《职教论坛》2011 年第 28 期。

[30] 许卫红、邓志军：《德国中高等职业教育衔接的特点及启示》，《景德镇高专学报》2010 年第 1 期。

[31] 洪贞银：《高等职业教育校企深度合作的若干问题及其思考》，《高等教育研究》2010 年第 3 期。

[32] 曹雁、吴英策：《新农村建设中的农村职业教育研究》，《农村经济》2010 年第 5 期。

[33] 孙健、王明伦：《试论职业教育集团的治理》，《职业技术教育》2010 年第 10 期。

[34] 刘克勇：《对接产业——职业技术学校专业设置的风向标》，《江苏教育》2010 年第 10 期。

[35] 祝凯：《中高职教育衔接模式的比较研究》，《高等职业教育》（天津职业大学学报）2011 年第 6 期。

[36] 周建松：《关于全面构建现代职业教育体系的思考》，《中国高教研究》2011 年第 7 期。

[37] 教育部：《关于推进中等和高等职业教育协调发展的指导意见》（教职成〔2011〕9 号）2011 年 8 月 30 日。

[38] 教育部：《关于推进高等职业教育改革创新引领职业教育科学发展的若干意见》（教职成〔2011〕12 号）2011 年 9 月 29 日。

[39] 席东梅：《引领职业教育科学发展　高等职业教育责无旁贷》，《中

国职业技术教育》2011 年第 19 期。

[40] 张林：《职业教育发展的"瓶颈"及对策》，《职业》2011 年第 21 期。

[41] 田兴、郑蔼娴：《广东构建现代职业教育体系的"五合"战略》，《中国职业技术教育》2011 年第 24 期。

[42] 陈胜祥、曹婷：《财政资助对中职学校招生的影响——基于赣、浙、青三省 1218 份问卷调查》，《职教论坛》2011 年第 7 期。

[43] 李学锋：《发挥示范院校引领作用系统化推进中高职协调发展》，《成都航空职业技术学院学报》2012 年第 2 期。

[44] 汪长明：《中高职衔接教育体系外部政策环境建设的浅析》，《高等职业教育》（天津职业大学学报）2012 年第 3 期。

[45] 王寿斌：《中高职衔接不是简单的"学历嫁接"》，《中国教育报》2012 年 5 月 30 日。

[46] 刘文清：《构建利益驱动的校企合作运行机制研究》，《教育与职业》2012 年第 5 期。

[47] 杨理连：《基于高职引领视角下中高职教育系统衔接研究》，《教育与职业》2012 年第 6 期。

[48] 王琴：《中高等职业教育协调发展：问题与对策——基于上海的分析》，《教育发展研究》2012 年第 7 期。

[49] 吴宪洲、东艳：《高职教育在现代职业教育体系中引领什么》，《成人教育》2012 年第 8 期。

[50] 王寿福、章萍：《中高职衔接的制约因素及发展策略研究》，《职教论坛》2012 年第 8 期。

[51] 戴锋：《对"教学过程与生产过程对接"的思考》，《江苏教育》2012 年第 11 期。

[52] 李瑛：《铜仁市各区县职业教育现状调查与成因分析》，《新西部》

2012 年第 18 期。

　　[53] 蒋海春：《发挥职业教育集团作用 促进中高职衔接——以阜新职教集团为例》，《辽宁高职学报》2013 年第 1 期。

　　[54] 张洁：《论我国职业教育法制建设的完善》，《教育与职业》2013 年第 1 期。

　　[55] 舒亚非：《新建地方本科院校实验室软件建设的思考》，《开封教育学院学报》2013 年第 5 期。

　　[56] 周佳明：《中外中高职教育衔接模式比较研究》，《教育教学论坛》2013 年第 8 期。

　　[57] 周芳：《系统论视阈下中高职培养目标有效衔接的研究》，《机械职业教育》2013 年第 6 期。

　　[58] 侯长林、王锋、罗静：《探索建立党委领导下理事会法人治理结构》，《中国高等教育》2013 年第 7 期。

　　[59] 侯长林、罗静：《高职与应用本科的趋同发展》，《光明日报》2013 年 7 月 27 日。

　　[60] 李博、罗静：《高职引领中职教育发展的现状与问题研究》，《学理论》2015 年第 2 期。

　　[61] 罗静、侯长林、王锋：《高职引领中职教育发展的模式建构与选择》，《中国高教研究》2013 年第 10 期。

　　[62] 王晓征：《基于中高职衔接的专业评价模式探讨》，《教师》2013 年第 11 期。

　　[63] 齐守泉：《中高职专业衔接的政策诉求》，《教育与职业》2013 年第 18 期。

　　[64] 侯长林：《利用山区优势资源　建设特色地方高校》，《中国高等教育》2013 年第 18 期。

　　[65] 李瑛、熊兴勇：《铜仁市职业教育集团成效与问题分析》，《新西部》

2013 年第 21 期。

[66] 晏龙强、张丽妮、杨政水:《影响高职引领中职质量因素分析——以贵州省铜仁市职业教育集团学校为例》,《时代教育》2013 年第 23 期。

[67] 邓川、何晓桂:《探索职业教育发展的新模式——以铜仁职业教育集团学校为例》,《课程教育研究》(新教师教学) 2013 年第 36 期。

[68] 李长松:《高等职业技术学校在中职教育发展中引领作用》,《管理观察》2012 年第 1 期。

附一 教育部关于推进高等职业教育改革创新引领职业教育科学发展的若干意见

教职成〔2011〕12 号

各省、自治区、直辖市教育厅（教委），新疆生产建设兵团教育局：

为深入贯彻落实胡锦涛总书记在庆祝清华大学建校 100 周年大会上的重要讲话精神和《国家中长期教育改革和发展规划纲要（2010—2020 年)》，推动体制机制创新，深化校企合作、工学结合，进一步促进高等职业学校办出特色，全面提高高等职业教育质量，提升其服务经济社会发展能力，提出如下意见。

一、服务经济转型，明确高等职业教育发展方向

1. 当前，我国正处于从经济大国向经济强国、人力资源大国向人力资源强国迈进的关键时期。高等职业教育必须准确把握定位和发展方向，自觉承担起服务经济发展方式转变和现代产业体系建设的时代责任，主动适应区域经济社会发展需要，培养数量充足、结构合理的高端技能型专门人才，在促进就业、改善民生方面以及在全面建设小康社会的历史进程中发挥不可替代的作用。

2. 高等职业教育具有高等教育和职业教育双重属性，以培养生

产、建设、服务、管理第一线的高端技能型专门人才为主要任务。按照"到 2020 年，形成适应经济发展方式转变和产业结构调整要求、体现终身教育理念、中等和高等职业教育协调发展的现代职业教育体系"要求，必须坚持以服务为宗旨、以就业为导向，走产学研结合发展道路的办学方针，以提高质量为核心，以增强特色为重点，以合作办学、合作育人、合作就业、合作发展为主线，创新体制机制，深化教育教学改革，围绕国家现代产业体系建设，服务中国创造战略规划，加强中高职协调，系统培养技能型人才，努力建设中国特色、世界水准的高等职业教育，在现代职业教育体系建设中发挥引领作用。

二、加强政府统筹，建立教育与行业对接协作机制

3. 各地教育行政部门要积极联合相关部门，将高等职业教育纳入本地经济社会和产业发展规划，统筹区域经济社会发展与高等职业学校布局和发展规模，统筹中等职业教育和高等职业教育协调发展，统筹应用型、复合型、技能型人才培养结构布局，分类指导，支持特色学校和特色专业做优做强。要解放思想，改革创新，大胆探索，促进地方政府充分发挥政策调控与资源配置作用，引导学校科学定位，全面提升办学质量，大力促进高职毕业生就业，为区域经济社会发展提供人才支撑和智力支持。

4. 发挥地方及行业在高等职业教育专业设置工作中的调控和引导作用，改革专业设置管理办法，完善学校自主设置、地方统筹、行业指导、国家备案、信息公开的专业管理机制。各地要建立专业设置和调整的动态机制，围绕国家产业发展重点，结合区域产业发展需要，合理确定、不断优化专业结构和布局；各地教育行政部门要配合地方和行业主管部门联合建立人才需求预测机制和专业设置预警机

制，定期发布人才需求信息，引导高等职业学校调整专业设置。国家将根据产业发展对技能型人才的需求，参照高等职业教育专业目录，分批确定初中后五年制高等职业教育招生专业。高等职业学校可依据专业人才培养的特殊需要，申请在基本修业年限范围外，适当延长或缩短相关专业的修业年限。国家建立高等职业教育专业设置信息平台，对全国专业分布情况进行年度统计并向社会公布。

三、创新体制机制，探索充满活力的多元办学模式

5. 各地教育行政部门要联合相关部门，优化区域政策环境，完善促进校企合作的政策法规，明确政府、行业、企业和学校在校企合作中的职责和权益，通过地方财政支持等政策措施，调动企业参与高等职业教育的积极性，促进高等职业教育校企合作、产学研结合制度化。

6. 创新办学体制，鼓励地方政府和行业（企业）共建高等职业学校，探索行业（企业）与高等职业学校、中等职业学校组建职业教育集团，发挥各自在产业规划、经费筹措、先进技术应用、兼职教师选聘、实习实训基地建设和学生就业等方面的优势，形成政府、行业、企业、学校等各方合作办学，跨部门、跨地区、跨领域、跨专业协同育人的长效机制。鼓励有条件的高等职业学校积极与军队合作培养高素质士官人才。

7. 完善校企合作运行机制，推进建立由政府部门、行业、企业、学校举办方、学校等参加的校企合作协调组织。公办高等职业学校在坚持党委领导下校长负责制的同时，鼓励建立董事会、理事会等多种形式的议事制度，形成多方参与、共同建设、多元评价的运行机制，增强办学活力。

四、改革培养模式，增强学生可持续发展能力

8. 坚持育人为本，德育为先。高等职业学校要把社会主义核心价值体系、现代企业优秀文化理念融入人才培养全过程，强化学生职业道德和职业精神培养，加强实践育人，提高思想政治教育工作的针对性和实效性。重视学生全面发展，推进素质教育，增强学生自信心，满足学生成长需要，促进学生人人成才。

9. 以区域产业发展对人才的需求为依据，明晰人才培养目标，深化工学结合、校企合作、顶岗实习的人才培养模式改革。要与行业（企业）共同制订专业人才培养方案，实现专业与行业（企业）岗位对接；推行"双证书"制度，实现专业课程内容与职业标准对接；引入企业新技术、新工艺，校企合作共同开发专业课程和教学资源；继续推行任务驱动、项目导向等学做一体的教学模式，实践教学比重应达到总学分（学时）的一半以上；积极试行多学期、分段式等灵活多样的教学组织形式，将学校的教学过程和企业的生产过程紧密结合，校企共同完成教学任务，突出人才培养的针对性、灵活性和开放性。要按照生源特点，系统设计、统筹规划人才培养过程。要将国际化生产的工艺流程、产品标准、服务规范等引入教学内容，增强学生参与国际竞争的能力。

10. 系统设计、实施生产性实训和顶岗实习，探索建立"校中厂"、"厂中校"等形式的实践教学基地，推动教学改革。强化教学过程的实践性、开放性和职业性，鼓励学校提供场地和管理，企业提供设备、技术和师资，校企联合组织实训，为校内实训提供真实的岗位训练、营造职场氛围和企业文化；鼓励将课堂建到产业园区、企业车间等生产一线，在实践教学方案设计与实施、指导教师配备、协同管

理等方面与企业密切合作，提升教学效果。要加强安全教育，完善安全措施，确保实习实训安全。

11. 加强职业教育信息化建设。大力开发数字化教学资源，推动优质教学资源共建共享，拓展学生学习空间，促进学生自主学习。推进现代化教学手段和方法改革，开发虚拟流程、虚拟工艺、虚拟生产线等，提升实践教学和技能训练的效率和效果。搭建校企互动信息化教学平台，探索将企业的生产过程、工作流程等信息实时传送到学校课堂和企业兼职教师在生产现场远程开展专业教学的改革。

12. 完善人才培养质量保障体系。推进高等职业教育质量评估工作，建立和完善学校、行业、企业、研究机构和其他社会组织共同参与的质量评价机制，将毕业生就业率、就业质量、企业满意度、创业成效等作为衡量人才培养质量的重要指标。各地和各高等职业学校都要建立人才培养质量年度报告发布制度，不断完善人才培养质量监测体系。

五、改革评聘办法，加强"双师型"教师队伍建设

13. 各地要创新高等职业学校师资管理制度，按照国家有关规定，进一步完善符合高等职业教育特点的教师专业技术职务（职称）评审标准，将教师参与企业技术应用、新产品开发、社会服务等作为专业技术职务（职称）评聘和工作绩效考核的重要内容。继续将高等职业学校教师的专业技术职务（职称）评聘纳入高等学校教师职务评聘系列。积极推进新进专业教师须具有企业工作经历的人事管理改革试点。

14. 各地要加大高等职业学校教师培养培训力度，推动学校与企业共同开展教师培养培训工作。要在优秀企事业单位建立专业教师实

践基地，完善专业教师到对口企事业单位定期实践制度。要在学校建立名师和技能大师工作室，完善老中青三结合的青年教师培养机制。要坚持培养与使用相结合，完善教师继续教育体系，健全教师继续教育考核制度和政策。

15. 高等职业学校要加快双师结构专业教学团队建设，聘任（聘用）一批具有行业影响力的专家作为专业带头人，一批企业专业人才和能工巧匠作为兼职教师，使专业建设紧跟产业发展，学生实践能力培养符合职业岗位要求。国家示范（骨干）高等职业学校要率先开展改革试点，鼓励和支持兼职教师申请教学系列专业技术职务，支持兼职教师或合作企业牵头申报教学研究项目、教学改革成果，吸引企业技术骨干参与专业建设与人才培养。

六、改革招考制度，探索多样化选拔机制

16. 推广高等职业学校单独招生改革试点工作经验，完善"知识＋技能"的考核办法。稳步开展根据高中阶段教育学业水平考试成绩、综合素质评价、职业准备类课程学习情况和职业倾向测试结果综合评价录取新生的招生改革试点。积极开展具有高中阶段教育学历的复转军人接受高等职业教育的单独招生试点。支持国家示范（骨干）高等职业学校与合作企业开展成人专科学历教育单独招生改革试点。逐步开展高等职业教育入学考试由各省、自治区、直辖市组织的试点。鼓励职业学校和企业联合开展先招工、后入学的现代学徒制试点。增加中等职业学校毕业生对口升学比例，拓宽高等职业学校应届毕业生进入本科学校应用性专业继续学习的渠道。鼓励高等职业学校与行业背景突出的本科学校合作探索高端技能型人才、应用型人才专业硕士培养制度。扩大奖学金、助学金资助受众面，鼓励优秀学生报

考高等职业学校。

七、增强服务能力，满足社会多样化发展需要

17. 高等职业学校要搭建产学研结合的技术推广服务平台，面向企业开展技术服务，推进科技成果转化；面向新农村建设，提供农业技术推广、农村新型合作组织建设等服务。建立专业教师密切联系企业的制度，引导和激励教师主动为企业和社会服务。

18. 各地要鼓励和支持高等职业学校加强国际交流与合作，积极参与职业教育国际标准和规则的研究与制定，提高高等职业教育的国际影响力。高等职业学校要服务国家"走出去"战略，服务大型跨国集团和企业的境外合作，开展技术培训，满足企业发展需要和高技能劳务输出需要；要积极开展中外合作办学，引进优质教育资源，提升办学水平。示范（骨干）高等职业学校要积极探索境外办学，吸引境外学生来华学习。

19. 高等职业学校要努力成为当地继续教育和文化传播的中心，搭建多样化学习平台，开放教育资源，开展高技能和新技术培训，普及科学文化知识，参与社区教育，服务老年学习，在构建国家终身教育体系和建设学习型社会中发挥积极作用。

八、完善保障机制，促进高等职业教育持续健康发展

20. 各地教育行政部门要主动与相关部门合作，结合本地区经济社会发展实际，确定高等职业学校生均经费基本标准和生均财政拨款基本标准，逐步实行依据生均经费基本标准核定高等职业学校经费的制度；建立以举办者投入为主，受教育者合理分担培养成本、学校设

立基金接受社会捐赠等多种渠道筹措经费的机制。要将高等职业学校财政预算纳入高等学校系列，逐步推广将国家示范高等职业学校生均预算内拨款标准按本地区同类普通本科院校标准执行的做法。高等职业学校举办的中等职业教育和五年制高等职业教育，要按照国家有关要求，落实中等职业教育阶段学生的资助和免学费政策。

21. 各地要发挥专项资金的引导和激励作用，加大实训基地、师资队伍、教学资源、教育科研、领导能力等财政专项资金的投入。继续做好高等教育教学成果奖、高等学校教学名师奖、精品开放课程项目等表彰奖励、资源共享平台建设中涉及高等职业教育部分的工作。建立健全高等职业教育学生实习实训保障制度，开展顶岗实习工伤和意外伤害保险、兼职教师课时费等政府补贴试点，确保学生实习权益和实践教学质量。

中华人民共和国教育部

二〇一一年九月二十九日

附二　铜仁市人民政府关于印发铜仁职业教育集团学校发展实施方案的通知

铜府发〔2012〕27号

各县、自治县、区人民政府，大龙开发区、大兴新区管委会，市政府各工作部门：

《铜仁职业教育集团学校发展实施方案》已经市政府常务会议研究同意，并报经市委常委会同意，现印发给你们，请遵照执行。

铜仁市人民政府
二〇一二年六月八日

铜仁职业教育集团学校发展实施方案

为认真贯彻《国家中长期教育改革和发展规划纲要（2010—2020年)》，抢抓国发2号文件和《武陵山片区区域发展与扶贫攻坚规划》助推铜仁市经济社会全面快速发展的历史机遇，进一步明确各级党委、政府发展本地职业教育的责任，充分调动学校和社会力量举办职业教育的积极性，在积极探索政校企合作办学的基础上，组建铜仁职业教育集团学校，推进全市职业教育集团化发展，不断提高职业教育服务地方经济社会的能力和水平，促进铜仁市经济社会又好又快发展，制定本方案。

一、组建铜仁职业教育集团学校的重要意义

（一）有利于发挥铜仁职院的龙头带动作用。铜仁职院是全国首批 40 所骨干高职院校立项建设单位。依托铜仁职院组建铜仁职业教育集团学校，有利于充分利用铜仁职院的品牌、师资、管理等资源优势，指导集团内各学校进一步明确办学方向与定位，理清办学思路，带动各县（区）职业教育发展。

（二）有利于提高各县（区）中职教育的办学质量。组建铜仁职业教育集团学校，实施集团化发展，有利于规范各县（区）中职学校科学设置专业，严格执行人才培养标准，强化教育教学管理，不断提升人才培养质量。

（三）有利于推动铜仁职业教育的协调发展。通过集团化发展，有利于发挥政府、学校和行业企业的办学优势，整合职教资源，搭建中、高职协调发展的立交桥，协调和统筹职业教育同步发展，促进全市职业教育向规模发展与质量提升并重的转型，将职业教育"做大、做强、做特"，增强竞争力和吸引力。

（四）有利于促进铜仁经济社会的稳定和谐。实施集团化发展，壮大职业教育规模，有利于实施人才强市战略，为"三化同步"发展提供人才支撑。同时，通过发挥职业教育学生适应力强、就业率高的优势，既能解决初高中毕业生的学习和就业出路，又能迅速带动本人和家庭脱贫致富，对促进全市经济社会和谐稳定有着十分重要的意义。

二、铜仁职业教育集团学校发展的目标任务

通过组建铜仁职业教育集团学校，努力扩大职业教育办学规模，力争到 2015 年，在校生规模达 3 万人，2017 年达 4 万人以上；通过 3—5 年，打造一批紧贴当地经济社会发展、富有区域产业特色、具备较强竞争力和吸引力的品牌专业；探索以骨干高职院校为龙头的集团学校办学模式，创新体制机制，将集团学校办成办学规模大、实力强、效益好，在全省和武陵山区领先、国内一流的职业院校，带动职业教育跨越发展。

三、铜仁职业教育集团学校发展的基本原则

（一）协调发展原则。铜仁职业教育集团学校必须布局好各县（区）职业学校的专业结构、办学规模等，切实加强职业教育内涵建设，实现规模、质量、效益的协调发展。

（二）优势互补原则。铜仁职业教育集团学校发展必须调动各级党委政府、学校以及社会力量的积极性，充分发挥各自优势，形成齐抓共管、强势推进的强大合力，实现资源共享、优势互补、互惠互利，推动职业教育的规模化、集团化和品牌化发展。

（三）市场导向原则。各县（区）职业学校必须以市场对人才的需求为导向，创新体制机制，紧贴地方主导产业和优势产业，打造特色品牌专业，凸显职业教育办学特色，进一步增强竞争能力。

（四）紧密合作原则。职业教育集团化发展坚持构建以教育资源为纽带的合作关系，各县（区）中职学校与铜仁职院合作共建二级分校，进一步密切合作，促进共同发展。

四、组建铜仁职业教育集团学校的具体做法

铜仁职业教育集团学校发展按照"政府主导、统筹规划、积极推进、分布实施"的思路，实行市委、市政府统一领导，各县（区）党委、政府与铜仁职院共建共管的管理体制。具体做法如下：

（一）管理体制

1. 学校主体。各县（区）中职校在保留原有职校牌子的基础上，2012年全部加挂铜仁职院分校的牌子，实行两块牌子，一套人马，学校的产权隶属关系不变。

2. 经费投入。各县（区）政府按照分级负责的原则，全面负责落实所辖各中职校的基础设施建设和办学经费。城市教育费附加安排用于职业教育的比例不低于30%；高等职业学校生均预算内拨款标准达到本地区同等类型普通本科院校的生均预算内经费标准；中等职业学校按编制足额拨付经费；新增教育经费中用于职业教育的比例提高到50%。鼓励多渠道筹措办学资金。

3. 分校升格。当分校各项办学指标达到规定标准后，可向铜仁职院申请，升格为副县级规格，由铜仁职院评估合格后报市委市政府审批。若达到二级分院的办学标准，可申请成立铜仁职院二级分院。

4. 干部管理。各中职校科级干部以县（区）为主，协商铜仁职院同意后，进行考察任免；各分校负责人分别由各中职校负责人兼任，由铜仁职院行文；副处级干部参照职院院内县处级干部产生办法，由市委、市政府按相关程序行文任免。分校教职工可参照铜仁职院院内津贴标准执行。

（二）业务管理

铜仁职业教育集团学校内的教学等业务管理在铜仁职院的指导下，由各中职学校（分校）负责完成。

1. 专业管理：由铜仁职院围绕人才需求和各县（区）职业教育办学条件，对各县（区）职业教育办学规模、办学层次、专业设置等方面进行统一规划、科学布局，指导各县在办好现有优势专业的基础上，借助职院的专业品牌共建品牌专业。

2. 招生管理：各县（区）中职学校（分校）可保留自身部分专业进行招生办学，分别发放各县（区）中职学校的毕业证书。以铜仁职院分校的名义，按照统一确定的招生计划进行宣传，毕业后统一发放铜仁职院的毕业证书。各县（区）政府和教育行政主管部门及铜仁职院要共同采取各种有效措施组织生源，确保中职生源数量达到目标任务要求。

3. 教学管理：由铜仁职院对各县（区）中职学校（分校）进行指导，组织制定统一的专业建设标准、人才培养方案、课程标准等，各中职学校（分校）严格按照审定的教育教学管理规定组织实施，确保人才培养质量。

4. 师资管理：由铜仁职院指导各分校制定师资队伍建设规划，新进教师方案由铜仁职院负责审核，各县（区）按要求组织实施。师资培训由铜仁职院统一组织进行。

5. 利益分配：分校与铜仁职院合作共建专业的的分配比例按专业类别确定。其中：医疗卫生大类专业比例为分校占70%，铜仁职院占30%。教育、工程、信息大类专业为分校占80%，铜仁职院占20%。其余专业重在扶持，即在校生规模在500人以下时，分校占90%，铜仁职院占10%。在校生规模在500—1000人时，分校占92%，铜仁职院占8%。在校生规模在1000人以上时，分校占95%，铜仁职院占5%。同时，除医疗卫生大类专业外，其余专业在第一年对各分校按50%减免，第二年按25%减免，第三年按上述标准执行。

（三）保障措施

1. 成立机构，加强领导。市政府成立由市长任组长、常务副市长和分管副市长任副组长，市政府办公室、市教育局、铜仁职院和其它相关部门以及各县（区）政府领导为成员的铜仁市职业教育集团学校发展工作领导小组，负责统一领导和组织实施。

2. 提高认识，稳步推进。各县（区）人民政府、铜仁职院、各中职学校要提高对组建铜仁职业教育集团学校，实施集团化发展的认识，主动积极参与，形成合力确保此项工作稳步推进。市人民政府向省政府和省教育厅争取相关扶持政策。

3. 加强督察，确保成效。由市政府督察室对该项工作的进展情况进行督促检查，并列入每年对各县（区）政府的目标考核范围，确保工作成效。

五、时间要求

由市教育局牵头实施，铜仁职院和各县（区）政府参与。要求在 7 月 1 日前完成分校挂牌工作，7 月 31 日前完成专业教师的招录、调配工作，从 9 月 1 日起，以分校名义办学。

附三　铜仁市职业教育发展调研报告

铜仁市教育局
铜仁市产业发展研究中心
铜仁职业技术学院

为深入贯彻落实《国家中长期教育改革和发展规划纲要(2010—2020 年)》和《国务院关于进一步促进贵州经济社会又好又快发展的若干意见》(国发〔2012〕2 号)和《武陵山片区区域发展与扶贫攻坚规划》,以及教职成〔2011〕9 号《教育部关于推进中等和高等职业教育协调发展的指导意见》、教职成〔2011〕12 号《教育部关于推进高等职业教育改革创新引领职业教育科学发展的若干意见》和教职成〔2011〕13 号《教育部等九部门关于加快发展面向农村的职业教育的意见》等文件精神,加速推进铜仁市职业教育改革发展进程,壮大铜仁市职业教育发展规模,提升铜仁市职业教育发展质量,引领和服务铜仁市地方经济社会转型发展,市政府结合贵州省2012 年教育工作会议精神,特别是刘晓凯副省长对铜仁市职业教育发展的指示意见,组织市教育局、发改局、财政局、人社局、铜仁职院等市直相关部门和职业院校召开了专题工作会议,对如何推进铜仁市职业教育发展进行了总体部署和安排,并于 3 月 5—10 日组织开展了全区职业教育专题调研。现就有关调研情况及发展建议汇报如下:

一、调研的基本情况

为全面了解铜仁市各县（区）的职业教育发展情况，特别是重点了解各职业学校的发展现状、产业背景及发展思考，市政府组织成立了以李树新副市长为组长、侯长林院长和冉贵生局长为副组长的调研工作领导小组，并从市教育局、铜仁产业发展中心、铜仁职院抽调相关人员组成5个调研组，每组5—7人，围绕各县（区）职业教育、产业状况及专业人才需求，依据调研工作方案，集中于3月5—10日期间分赴铜仁市八县两区开展了深入调研。调研采取专题座谈会、现场实地调查与问卷调查相结合的方法，具体从三个方面进行：一是听取各县分管教育领导的专题情况汇报和当地教育局、财政局、发改局、人社局、农业局、水利局、经贸局、卫生局等县职能部门对发展职业教育的意见和建议；二是到各县（区）中职学校实地走访调研，了解职业院校的办学条件，听取职业院校各级领导及副高职称以上教师对学校发展的意见；三是实地走访当地重点发展企业，了解企业的发展情况及对人才的需求，听取企业负责人对发展县域职业教育的建议。调查结束后，领导小组组织各调研组召开了调研工作总结会，听取了各组的汇报，并一致认为，此次调研工作组织开展得好，圆满地完成了各项调研任务，效果比较好。具体而言，有下几个方面的收获：

1. 通过听取各县（区）职业教育发展情况汇报和实地走访10所县（区）中等职业学校，比较全面地了解了各县（区）在职业教育发展方面所取得的成绩、面临的困难及其对未来的发展思考，看到了各县（区）在职业教育发展上的差距，对全市职业教育发展状况有了更深切的认识和感受。

2.通过开展专题座谈讨论和问卷调查，就当前职业教育办学体制机制改革、职业教育合作办学模式探索、职业教育工学结合课程教学改革、职业教育产业发展背景及现状、职业教育产业人才需求等相关的热点、难点问题进行了交流和意见收集，并就如何开展合作办学、如何推进办学体制机制改革、如何围绕产业办专业等彼此关心的问题基本达成了共识。

3.通过此次调研，调研组深切感受到了各县（区）政府领导和职业学校领导希望引入优质教育资源，出台区域职业教育发展政策，优化职业教育专业布局，整合县域职业教育资源，加快县域职业教育发展，做大县域职业教育发展规模，提升县域职业教育发展竞争力，增强职业教育服务地方产业升级转型发展的愿望、渴求和期盼，进一步厘清了如何整体推进市县（区）中、高职职业教育统筹协调发展的思路，提高了对加快发展农村职业教育，开展教育扶贫攻坚的重要性的认识，增强了推进实施铜仁市职业教育规模化、集团化发展的责任感和紧迫感。

二、职业教育发展现状

（一）主要成绩

第一，各县（区）职业学校办学能力得到提升。各县（区）政府高度重视职业教育发展，认真贯彻落实国家关于职业教育发展的政策，支持和鼓励职业学校采取联合办学、订单培养、校企合作等多种形式办学，特别是依据县（区）城镇发展规划，采取土地置换等方式，新建职业学校，主动争取国家"三突破"项目工程，在扩大职业学校办学规模、改善职业学校办学条件、提升职业学校基础能力建设上取得显著成效。比如，"十一五"以来，思南县中等职业学校在当地政府的支持下，争取到省、地、县的各种基本建设资金 950 万元用于新校区建设，并用学校自筹资金 400 万元和职工自筹资金 70 多万元进行实训设备购置和更新；德江县政府 2010 年在城南新区划拨 330 亩土地作为职校新校址建设用地，将县职校实施整体搬迁，并先后从省教育厅争取 600 多万元用于县职校建设实训室，并于 2011 年拨款 100 万元专款用于县职校购置图书、添置设备及校舍维修等。目前，德江县、碧江区、石阡县、思南县、印江县等职业学校都在抓紧实施新校区建设，各县（区）职校在校生规模已达万余人。

第二，各县（区）的办学实力不断增强。"十一五"以来，各县（区）中等职业学校抢抓国家大力发展职业教育的机遇，积极推进以顶岗实习、半工半读为重点的工学结合教育教学改革，主动争项目、促合作、添设备、强师资、增专业、谋发展，取得了长足的发展和进步，办学实力不断增强。一是以思南职校、玉屏职校为代表的国家重点中职校和省示范性中职校办学实力提升比较快，办学影响力和竞争力跃居省内前列；二是形成了一批比较有实力的重点建设专业，比如思南职校的电子电工、松桃职校的服装设计、印江职校的茶叶栽培与加工、江口职校的旅游管理、玉屏职校的数控技术应用、万山区职校的汽车应用与维修等；三是师资队伍建设得到加强，师资素质不断提高。比如师资培训力度加大，绝大多数教师都接受了不少于两次的业务培训；教师学历层次不断提升，新进教师大多具有专科以上学历；专业教师引进和培养力度大，教师队伍结构素质得到改善，比如德江县职校近两年就引进了 40 多名专业技能比较强的教师，印江县职业教师队伍中有高级教师 13 人，省级骨干教师 1 人，市级骨干教师 2 人，市职业教育专家组成员 3 人。

第三，各县（区）职校开展校企合作办学成效比较突出。校企合作、工学结合是职业教育的特色。近年来,各县(区)职校在该方面进行了积极探索,成效良好。例如,玉屏职校依托其重点专业,主动与必登高鞋业皮具有限公司、雅鹿集团共建实训车间,推进校企双元融合。特别是石阡县职校,其专业主要采取与职业院校、合作企业进行联合办学,效果比较好。其中,服装制作专业与成业针织厂联办,汽车驾驶与维修与贵州机械工业学校联办,电子电器与维修与广东启盈电子厂联办,医学护理与铜仁职院联办,幼师与深圳特蕾新国际幼教师集团联办,并在建立了以县人民医院为中心的医学护理实训基地、以成业针织厂为依托的针织缝纫基地、以龙塘镇大屯村茶场和新华茶场为主阵地的与南天公司合作建立的茶叶生产与加工实训基地和以石阡县退伍军人汽车修理厂为主的汽车应用与维修专业教学实习实训基地。

(二)面临的困难与存在的问题

各县(区)职校虽然在当地政府的重视和支持下,通过自身努力,取得了十分显著的成绩,但是,由于受到地方经济发展滞后、产业发展水平低、县域交通基础设施落后以及对职业教育发展的认知观念差异等多种原因,在办学过程中还面临着一些困难:一是基础设施建设和师资队伍建设资金需求缺口大,学费收费偏低,办学成本高,县级财力面临巨大压力。二是县域经济发展水平不高,重点大学毕业生、硕士以上学历等高素质人才引进困难,教师团队实力提升难。三是本地企业规模小、技术水平要求不高,加之农村基础设施条件差,学生在本地开展紧密型的顶岗实习比较困难,校企合作空间有限,校企合作运行机制建立难。四是基础办学条件与经济发达地区相比,具有显著的差距,对学生的吸引力不强,招生普遍困难,扩大专业办学规模难。因此,从总体上来说,铜仁市职业教育还存在以下几个方面的突出问题：

第一，各县（区）职业教育发展不均衡，办学水平参差不齐。目前，全市的学生主要集中在铜仁市中职学校和思南职校、玉屏职校等国家重点中职校和省示范职校，其他职校办学都还比较困难，发展比较慢，规模比较小，特别是碧江区职校和万山区职校因比邻铜仁职院，招生更困难，发展更艰难。

第二，专业重复设置，专业办学"小而全"的问题十分突出。比如，茶叶专业，印江职校、江口职校和石阡职校都相互开设；汽车应用与维修专业，万山职校、江口职校、石阡职校、玉屏职校、沿河职校等均有开设等等。以至于专业资源重复投入、专业资源分散、专业生源相互竞争等矛盾得不到切实有效解决，专业办学规模难以做大，专业办学质量难以提升，专业办学竞争力弱。

第三，县域产业发展特色在职业学校专业建设上彰显不充分，办学特色不显著，职业学校人才培养的针对性和实用性不强，难以满足县域经济发展对技能型人才的紧迫需求，服务地方经济发展的能力还需要加强。比如，思南职校的电子电工等重点专业和优势专业，就难以凸显思南县的农业产业发展特色。

三、对职业教育发展的建议

面对各县（区）职业教育面临的困难及铜仁市职业教育发展存在的问题，调研组进行了充分的讨论，并结合各县（区）的情况对产生的原因进行了具体的分析。大家一致认为，只有整合全市职业教育资源，出台相关支持政策，走规模化、集团化合作办学之路，办学特色，铜仁市职业教育发展才能增强竞争力和吸引力，实现可持续发展。下面是具体的政策及工作实施建议。

（一）整合铜仁市职业教育资源

铜仁市职业教育资源包括铜仁市职业院校专业资源、行业企业技术资源和各县（区）产业资源。从调研情况来看，一方面，当前铜仁市职业院校有 1 所高等职业技术学校——铜仁职院和 14 所公办中等职业学校，其中市属中等职业学校 1 所（隶属于铜仁职院），县属中等职业学校 13 所（包括 3 所卫职校）。而各中等职业学校之间专业设置重复、专业办学规模小的问题十分突出，专业资源利用不足与紧缺的矛盾凸显。另一方面，各行业企业技术资源比较丰富，但因分散在各行业企业，与职业院校结合不紧密，同样存在利用不足与紧缺的突出矛盾。同时，各县职业学校的专业设置与产业结合度不高，职业院校服务地方经济的能力还不强，各县产业资源利用不充分，办学特色不鲜明，专业办学的针对性和实用性不强。对此，调研组认为，要加快铜仁市职业教育发展的步伐，必须整合铜仁市职业教育资源。具体理由及整合原则、措施如下：

1. 整合铜仁市职业教育资源的意义

第一，是推进实施国家教育扶贫战略的重大举措。目前，铜仁市经济发展总量小，产业结构发展失衡，人均生活水平低，贫困人口多。截至 2011 年，GDP 只有 296 亿元，财政收入 35 亿元，农民人均纯收入仅 3182 元。其中，一个重要原因，就是教育发展比较滞后，特别是职业教育发展滞后，难以适应和满足广大农村适龄青年高中阶段求学发展的需要。因此，整合职业教育资源，扩大职业教育办学规模，提高职业教育办学质量，大力推进教育扶贫，增加农村适龄青年求学发展机会，提高农村青年专业素质及其就业能力，是帮助农村广大农民脱贫脱困的重大战略举措。为此，必须抓住国家推进实施《武陵山片区区域发展与扶贫攻坚规划》的战略机遇，切实开展教育扶贫攻坚，以职业教育资源整合为突破口，积极探索职业教育发展新模式，努力做大做强铜仁市职业教育，促进城乡居民教育机会公平，把铜仁市劳动力资源优势转化为人才资源优势，为实现铜仁市经济社会和谐发展做贡献。

第二，是加速推进铜仁市产业转型升级发展的需要。发展职业教育就是发展地方经济。当前，铜仁市正在深入实施"构建两带两圈产业体系，推进六个新跨越"发展战略，加速推进新型工业化、绿色城镇化、农业现代化和旅游产业化，着力打造"四区一中心"（国家级营养健康产业示范区、武陵山城乡统筹发展示范区、国际知名国内著名特色旅游区、东部产业与转移承接区，把铜仁市建成省际区域中心城市），急需大批"留得住、用得上"的高素质技能型专门人才和农村实用技术人才。然而，鉴于地方财力薄弱，对职业院校办学经费投入有限与职业教育人才培养需要高素质的师资和实验实训条件，特别是需要使用大量先进的新技术、新设备，所需投入大，办学成本高之间的矛盾，加之对各县（区）职业院校专业办学的统筹和指导不足，目前，铜仁市职业教育发展的总体水平还不高，职业教育的吸引力还不强，特别是各县（区）职业学校还存在办学条件差、专业规模小、技术力量弱、办学理念滞后、办学特色不突出等突出问题，人才培养数量和质量都难以满足地方产业发展需要，直接影响和制约着地方产业的转型升级发展。因此，加强对职教资源的整合，集中全市优质职教资源，特别是发挥铜仁职院在专业办学上的优势和各县（区）在产业资源上的优势，以及行业企业在技术资源上的优势，推动行业、企业和职业院校开展实质性的合作办学，不仅有利于职业教育自身的发展，更是加速推进铜仁市产业转型升级发展的需要。

第三，是实现铜仁市职业教育转型发展的需要。当前，铜仁市职业教育正处于以规模发展为重向以规模发展与质量提升并重发展的转型发展阶段。一方面，县（区）中等职业教育规模发展的任务还十分繁重，受县（区）职业学校基础能力薄弱的瓶颈制约难以完成；另一方面，以铜仁职院为主体的市中、高等职业教育正面临质量提升的艰巨任务，受职业教育资源不足的瓶颈约束而面临巨大压力。如何协调和统筹市、县（区）职业教育同步发展，提升铜仁市职业教育发展的总体质量和水平，增强铜仁市职业教育的竞争力和吸引力，是当前铜仁市职业教育转型发展的当务之急。对此，以铜仁市职业教育资源整合为突破口，加快提升县级职业教育竞争力，统筹中、高职教育协调发展，探索职业教育集团化办学，着力打造铜仁市职业教育品牌，是有效解决当前铜仁市职业教育发展瓶颈、高效率地推进铜仁市职业教育改革创新发展的必由之路。

第四，是创新铜仁市职业教育合作办学体制的需要。发挥政府主导作用，推动行业、企业参与职业院校合作办学，既是国家推进职业教育办学体制机制改革的政策指向，也是职业院校培养高素质技能型人才的现实需要。而目前市、县（区）行业资源分散、企业资源不足的问题比较突出，难以形成资源优势，既不利于职教资源的合理利用，导致资源的闲置和浪费，又不利于职业院校开展合作办学，导致人才培养成本的增加和办学经费的紧缺。要有效地解决这一问题，必须按照国家对职业教育办学的要求和政策指向，加强对市、县（区）职教资源的优化和整合，探索和创新适应铜仁市经济社会发展需要的职业教育办学模式。

2. 整合铜仁市职业教育资源的基本原则

铜仁市职业教育资源的整合，要有利于调动职业院校、行业企业和县级政府的办学积极性；有利于扩大办学规模，提高办学质量，走规模化、集团化发展之路，促进中、高职进一步统筹协调发展；有利于资源共享，更好地为地方经济发展服务。具体而言，要遵循以下几个原则：

第一，政府主导原则，即市县（区）职教资源的整合必须在各级政府的统一领导和安排部署下有序推进实施。

第二，布局优化原则，即市县（区）职教资源的整合必须考虑整体的布局，特别是各县（区）职业学校的专业结构布局。

第三，特色发展原则，即市县（区）职教资源的整合必须有利于特色专业品牌的建设。

第四，紧密合作原则，即市县（区）职教资源的整合必须有利于开展实质性的政校企合作办学。

第五，资源共享原则，即市县（区）职教资源的整合必须有利于职业教育资源的共享，促进合作各方共同发展。

3. 推进铜仁市职业教育资源整合的办法

第一，以铜仁职院为核心，整合各县（区）职业学校专业资源，统筹专业发展。具体采取以下两种整合办法，即对距离铜仁职院较近的铜仁市碧江区职校和万山区职校进行合并整合，统一管理；对距离铜仁职院较远的其他县域职校，成立铜仁职院分校，与县级政府进行实质性的合作共建，统一管理。

一是合并整合，统一管理。依据市政府的决定，将碧江区职校和万山区职校分别并入铜仁职院所属的铜仁市中等职业学校。合并后，碧江区职校和万山区职校牌子可保留，其现有人、财、物分别由碧江区政府和万山区政府划归铜仁职院所有，其所有教职工作为铜仁市中等职业学校的教职工，享受与铜仁市中等职业学校教职工相同的待遇。其校级领导由铜仁职院依据办学需要进行工作安排。同时，碧江区政府和万山区政府可以依托铜仁职院所属的铜仁市中等职业学校共建区职教中心，合作开展县（区）相关的技术培训和技术服务。

二是合作共建，以市为主，委托铜仁职院统一管理。依据市政府的决定，将江口、石阡、思南、德江、印江、沿河、松桃、玉屏8个县的职校明确为铜仁职院分校，统一开办中职专业，实行市委市政府统一领导、铜仁职院统一管理的办学体制，即铜仁职院受市委市政府的委托，对各分校的校级领导及其中层干部和教职工行使人事任免权和管理权，并负责专业的申报设置、招生计划、专业人才培养方案的审定及其教学业务指导工作。分校的办学经费投入由当地县级政府按照国家的政策规定进行拨付。在此基础上，各县政府可依据当地主导产业发展特色及其人才需求特点，进一步整合当地县级职教资源（包括当地卫生职业学校资源），增加对职业教育的投入，加强职业教育基础能力建设，改善职业学校办学基础设施条件，利用铜仁职院国家骨干高职院校的品牌优势，主动与铜仁职院合作共建具有县域产业特色的铜仁职院二级分院，如铜仁职院梵净山国际旅游学院、铜仁职院生态茶学院、铜仁职院农牧学院、铜仁职院工学院等，合作开办高职专业，并签订合作办学框架协议，进行二级学院相关筹建工作，待达到二级学院办学条件并经评估合格后再予以授牌。授牌成立后的铜仁职院县域二级分院，依据铜仁职院与县级政府签订的合作管理协议规定，由铜仁职院进行统一管理。

第二，依托铜仁职院，构建铜仁市职业教育集团，统筹行业企业技术资源。具体办法是，借鉴和推广铜仁市质量技术监督局质量技术检测所与铜仁职院共建"铜仁市质量技术检测中心"的"厂校合一"共建模式，把铜仁市（含碧江区、万山区）农业、卫生、旅游、工商等行业系统的科研实验实训基地或实验实训室集中整合到铜仁职院，构建"铜仁市农产品质量检测中心"、"铜仁职院附属医院"、"铜仁市旅游研发服务中心"等，并以铜仁职院为龙头，联合铜仁市东太集团、和泰茶业公司等相关重点企业，合作组建铜仁市职业教育集团，在人才需求分析、人才资源共享、教师培养培训、学生实习就业、企业职工在职培训和产教研一体化等方面开展合作，把铜仁职院建成服务地方产业发展的人才培养培训基地、技术转化孵化基地和科技产业示范基地等。

（二）出台支持铜仁市职业教育发展的具体政策

第一，制定《关于支持铜仁市职业教育又好又快发展的实施意见》，明确支持职业教育发展的相关政策，包括土地政策、税收政策、财政政策、投资政策、专业发展政策、职教收费政策和干部交流使用政策，规定市县（区）两级政府及其职能部门在推进职业教育发展上的工作职责，建立铜仁市职业教育人才资源库及其人才流动机制，明确企业合作办学成本列支办法，制定中、高等职业学校生均经费基本标准和生均财政拨款基本标准，建立职业院校生均财政经费补助制度，从政策上指导和推进铜仁市职业教育的改革发展工作。

第二，合并后，原碧江区职校与万山区职校的教职工，其人事工资关系由碧江区政府和万山区政府划转到市级人事、财政，由市级人事、财政进行统一管理和核拨。差额部分，由市级财政解决。

第三，各县职校划为铜仁职院分校后，其行政级别确立为副县级管理机构。各县分校教职工的工资统一按照市级财政标准实施，人事关系纳入市人事局统一管理（只包括在职教师，离退休教师由当地县级政府统一管理）。

第四，自2012年开始，各分校的新专业设置及其申报需报经铜仁职院审批，现有专业2012年的招生及其人才培养方案需报经铜仁职院审定。原则上，县二级分院已开办的专业，其他分校需停止开办。各分校已停办的专业，其专业资源（包括专业教师、可移动的专业实训设备、专业技术资料和软件等）按照"专业办在哪里，资源调配在哪里"的原则，由市政府委托铜仁职院统一调配和使用。其中，专业教师可依据三种情况进行选择：一是调离学校，由当地县级政府安排工作；二是自费外出学习和进修，重新选择从事的专业。三是依据现有专业的办学需要，服从组织安排。

第五，各县级政府必须把分校的建设或二级学院的共建纳入县级人民政府"十二五"教育发展规划，制定县级职业院校生均财政拨款基本标准，建立职业院校生均财政经费补助制度，确保对职业院校办学经费的投入。

第六，制定《铜仁市关于全面实施劳动就业准入制度的有关规定》，严格推行"先培训、后就业"劳动就业准入制度，建立专项劳动监察制度，规范行业企业用工行为。

第七，向省教育厅争取对接国家、省地中职统一收费标准，制定铜仁市中职统一收费政策；争取扩大中职升高职比例（建议提高到30%），开展高职升本科试点工作，构建中、高职协调发展立交桥，完善职业教育发展体系。

2012 年 3 月 19 日

责任编辑:夏 青

图书在版编目(CIP)数据

高职引领中职教育发展模式研究/罗静 等 著.－北京:人民出版社,2016.1
ISBN 978－7－01－015591－3

Ⅰ.①高… Ⅱ.①罗… Ⅲ.①中等专业教育－管理模式－研究
Ⅳ.①G718.3

中国版本图书馆 CIP 数据核字(2015)第 293002 号

高职引领中职教育发展模式研究
GAOZHI YINLING ZHONGZHI JIAOYU FAZHAN MOSHI YANJIU

罗 静 等 著

人民出版社 出版发行
(100706 北京市东城区隆福寺街 99 号)

环球印刷(北京)有限公司印刷 新华书店经销

2016 年 1 月第 1 版 2016 年 1 月北京第 1 次印刷
开本:710 毫米×1000 毫米 1/16 印张:14.5
字数:182 千字

ISBN 978－7－01－015591－3 定价:38.00 元

邮购地址 100706 北京市东城区隆福寺街 99 号
人民东方图书销售中心 电话 (010)65250042 65289539